HORST STAHL

BONSAI
SELBST GEZOGEN

AUS
HEIMISCHEN
BÄUMEN

KOSMOS

Inhalt

GESCHICHTE & BOTANIK

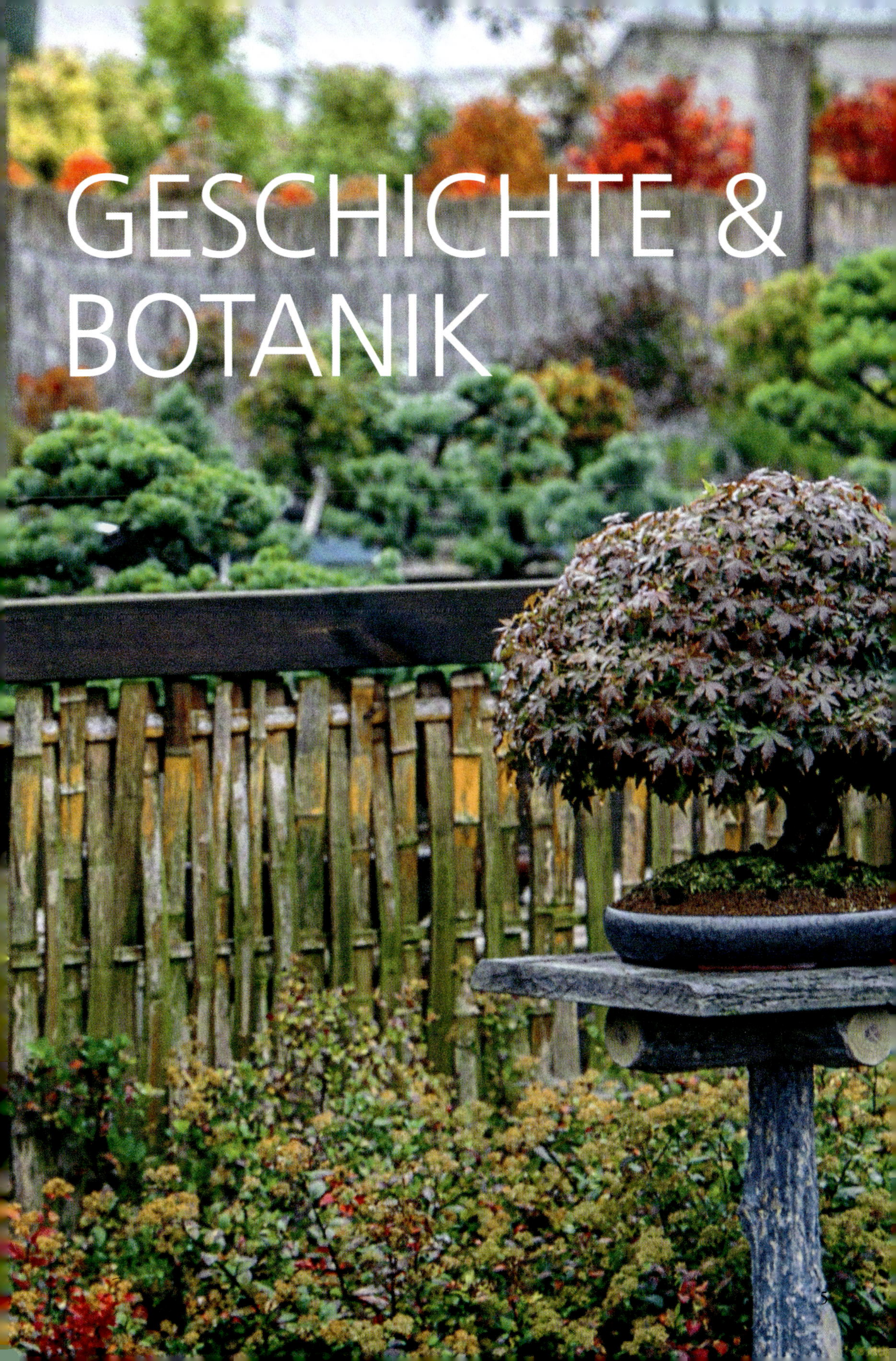

EINE ASIATISCHE KUNST KOMMT AUCH NACH EUROPA

Bonsai haben ihren Ursprung in Asien. In China wurden vor etwa 2000 Jahren zum ersten Mal kleine Landschaften auf zum Teil großen Tabletts gestaltet.

Mit dem Zen-Buddhismus kamen die ersten in Schalen gepflanzten kleinen Bäume nach Japan. Direkt nach dem Zweiten Weltkrieg erregten die ersten Bonsai auch das Interesse der Menschen in Europa.

In Europa werden Bonsai vor allem nach japanischen Vorbildern gestaltet. Die japanischen Begriffe „bon“ für Baum oder Pflanze und „sai“ für Gefäß oder Schale werden gemeinsam „Bonsai“ gelesen. Mittlerweile ist dieser Begriff auch in unserem Kulturkreis ein allgemein verstandener Ausdruck für die kleinen Bäume in den Schalen. Es ist aber nicht nur der kleine Baum, der einen Bonsai ausmacht. Erst seine Verschmelzung mit der ihm angemessenen Schale lässt das Gesamtkunstwerk entstehen. Passen Form, Farbe und Größe der Schale nicht zu der Baumart oder der Gestaltungsform des Baumes, entsteht ein unharmonisches Gesamtbild. Die Schale bildet quasi den „Rahmen“ für das „Bild“ des lebenden Miniaturbaums. Ein unpassender Rahmen kann den Eindruck des Bildes nachhaltig negativ beeinflussen. Ist die richtige Schale erst gefunden, wird der Baum über viele Jahre in dieser Schale verbleiben. Entsprechend ist ein regelmäßiger Wurzelschnitt notwendig, um den Wurzeln neuen Raum zum Wachsen zu bieten.

BONSAI-GESCHICHTE KURZ GEFASST

Der Ursprung der Gestaltung von kleinen Bäumen und ganzen Landschaften in Schalen oder auf Tabletts liegt in China. In der mythischen Überlieferung soll während der Han-Dynastie (206 v. Chr. bis 220 n. Chr.) ein Zauberer namens Jiang-feng die Fähigkeit besessen haben, ganze Landschaften mit Gebirgen, Bäumen, Flüssen, Häusern, Tieren und Menschen verkleinert auf ein Tablett zu zaubern.

Die erste schriftliche Erwähnung des Begriffs Bonsai finden wir bei dem Dichter Tao Yuang-ming (365 bis 427 n. Chr.). Darstellungen von Bonsai lassen sich zum ersten Mal in dem Grabmal des Prinzen Chang Huai aus dem Jahr 706 n. Chr. auf einer Wandmalerei nachweisen.

Traditionell hatte China auf die kulturelle Entwicklung in Japan einen großen Einfluss. Um das Jahr 600 n. Chr. brachten ganz offensichtlich wandernde buddhistische Mönche die ersten Bonsai von China nach Japan. In der kulturell sehr aufgeschlossenen aristokratischen Gesellschaft der Kaiserstadt Kyoto beschäftigten sich bald adlige Damen und Herren mit den kleinen Bäumen.

In China wurden die für die dortigen Landschaften charakteristischen Wuchsformen der Bäume nachgestaltet, aber auch bizarre, symbolhafte Formen wie Drachengestalten oder sogar Schriftzeichen.
Dagegen orientierten sich die Japaner genauer an den Vorbildern in der Natur. Intensive Naturbetrachtung und Verinnerlichung der gesehenen Formen geben die Inspiration für die Bonsai-Gestaltungen.
In der langen, vollkommenen Abgeschlossenheit Japans bis zum Ende des 19. Jahrhunderts erlangte die Bonsai-Kunst ihre höchste Vollendung. In ihr spiegelt sich ein typischer Wesenszug der japanischen Kultur wieder: die Suche nach Perfektion und Schönheit in der schlichten Einfachheit. Um das zu erreichen, muss Geduld aufgebracht werden.

EIN GUTER BONSAI BRAUCHT ZEIT

So muss man auch dem Bonsai Zeit lassen, sich zu einem perfekten Kunstwerk zu entwickeln. Grundsätzlich braucht ein Bonsai-Gestalter viele Jahre, um aus einem einfachen Baum einen wirklich guten Bonsai zu formen. Relativ schnell hat man einem jungen Baum die grundsätzliche Form gegeben. Aber die Arbeit bis ins feinste Detail erfordert viel Einfühlungsvermögen in die Lebensvorgänge des Baumes und das ihm innewohnende Gestaltungspotenzial. In jeder Wachstumsperiode reift der Baum ein kleines Stück seiner Vollendung entgegen. Aber auch dann muss die Form immer wieder neu überarbeitet werden – ein Bonsai ist also ein Kunstwerk in stetem Wandel.
Im Laufe der Zeit haben sich bestimmte in der Natur vorkommende Baumgestalten als Beispielhaft herausgestellt, die Grundstilarten. Die Grundstilarten der Bonsai-Gestaltung sind aber nicht als dogmatische Vorschriften im Sinne von richtig und falsch zu verstehen, sondern sie stellen Empfehlungen dar. Erst wenn man die Fähigkeit entwickelt hat, das dem Baum innewohnende gestalterische Potenzial zu erkennen und formgebend umzusetzen, kann man gute Bonsai gestalten.

BONSAI IN EUROPA

Mit der Öffnung Japans für den Rest der Welt kamen Bonsai dann auch nach Europa. So erregten sie anlässlich der Weltausstellung in Paris (1878) im japanischen Pavillon zum ersten Mal außerhalb Japans Aufsehen. Erst nach dem Zweiten Weltkrieg fanden Bonsai in Europa größere Verbreitung. Die in vielen Ländern von Bonsai-Enthusiasten gegründeten Clubs machten durch ihre unermüdliche Arbeit Bonsai auch in breiteren Bevölkerungskreisen populär.

Europäische Hainbuche in Floßform: Alle neuen Stämme entspringen aus dem zur verbindenden Wurzel umfunktionierten Stamm.

VOM INNEREN LEBEN DER BÄUME

Bonsai bedeutet nicht nur eine Pflanze zu gestalten, sondern sie auch über viele Jahrzehnte richtig zu pflegen. Hierbei sind gute Kenntnisse in der Biologie der Pflanzen hilfreich.

Ein Baum im freien Stand entwickelt eine viel ausladendere Krone und tiefer ansetzende Äste als ein Baum derselben Baumart, der mitten in einem Wald steht.

Grundsätzlich sind alle Bäume und Sträucher mehr oder weniger gut zur Bonsai-Gestaltung geeignet. Vielfach wird aber vergessen, dass nicht nur die oberirdischen Pflanzenteile, sondern auch die unterirdischen von immenser Bedeutung für die Gestaltung sind. Eine noch so virtuos durchgeführte Gestaltung ist zum Scheitern verurteilt, wenn die Lebensbedürfnisse der Pflanze missachtet werden. Soll die Gestaltung über Jahrzehnte hinweg erfolgreich sein, muss man den Aufbau der Pflanze verstehen und entsprechend agieren. Wird beispielsweise der Zeitraum für den Wurzelschnitt falsch gewählt, so entfernt man unter Umständen wichtige Speicherstoffe und schwächt so den Bonsai unnötig. Dies kann letztendlich dazu führen, dass die weitere Entwicklung des Bonsai verzögert wird.

EIN WENIG BOTANIK

Bäume und Sträucher gehören botanisch zu den verholzenden Sprosspflanzen, die sich in drei Bereiche – Wurzeln, Stamm bzw. Spross sowie Äste und Zweige mit Blättern – gliedern. Eine Pflanze ist nur so lange wachstumsfähig, wie sich diese drei Baumteile in einem ausgewogenen Gleichgewicht befinden. Grundsätzlich stellt eine Pflanze ihr oberirdisches Wachstum ein, wenn die Wurzeln keinen Raum mehr für neues Wachstum vorfinden. Deshalb sorgen wir mit dem Wurzelschnitt und dem Umtopfen für neuen Wurzelraum. Diese Aktion ist aber nur dann erfolgreich, wenn wir durch Beschneiden der oberirdischen Pflanzenteile wieder für das notwendige Gleichgewicht sorgen. Geschieht das nicht, kann der reduzierte Wurzelballen unter Umständen die Blätter nicht mehr ausreichend versorgen und einige für die Gestaltung wichtige Baumteile sterben ab.

Alle Tiere und Pflanzen bestehen aus Zellen. Unabhängig von der Größe eines Organismus sind die meisten Zellen so klein, dass sie mit bloßem Auge nicht sichtbar sind. Die meisten Pflanzenzellen besitzen eine mehrschichtige Wand aus dem Zucker Zellulose. Die Wand gibt der Zelle ihre Form und umschließt mit der Zellmembran das Zellplasma und den darin befindlichen Zellkern, der die chemisch verschlüsselte Erbinformation (DNS) enthält. Bei holzigen Pflanzenteilen wie Stamm, Ästen und Zweigen werden die Zellwände durch Einlagerung des Holzstoffes Lignin besonders stabilisiert.

AUFBAU DER BÄUME UND STRÄUCHER

Bäume und Sträucher unterscheiden sich deutlich in ihrem Wachstumsmuster. Während Bäume ein ausgesprochenes Spitzenwachstum haben, wachsen Sträucher eher basisbetont. Die Spitzenknospen von Bäumen bilden immer besonders viele Wachstumshormone. Diese fördern ihren Austrieb, während sie gleichzeitig das Wachstum nachgeordneter Knospen unterdrücken. Das führt dazu, dass der Baum in erster Linie in die Höhe wächst. Bei der Bonsai-Gestaltung muss daher vor allem das Wachstum der Spitzenknospen gezügelt

Ein Baum ist nur so lange wachstumsfähig, wie sich Wurzeln, Stamm und Zweige mit Blättern in einem ausgewogenen Gleichgewicht befinden.

werden. Gleichzeitig fördert ein Rückschnitt das Wachstum nachgeordneter Knospen. Bei Sträuchern hingegen finden wir am Wurzelansatz besonders viele Wachstumshormone, was zum Wachstum immer neuer Triebe an der Basis führt. Entsprechend muss man sich neu bildende Basistriebe sehr früh entfernen, wenn man in der Bonsai-Gestaltung einer Strauchart Baumcharakter geben will.

BAU UND FUNKTION DER WICHTIGSTEN PFLANZENTEILE

Die Wurzeln versorgen die oberirdischen Pflanzenteile mit Wasser und Nährsalzen, sie dienen aber auch der Verankerung im Boden. Bei großen Bäumen kann die Gesamtlänge des weit verzweigten Wurzelsystems mehrere Kilometer betragen. Im Innern aller Wurzeln verlaufen Adern, die Wasser und Nährsalze zum Stamm hintransportieren. Im Stamm liegen diese Adern in den äußeren Holzjahresringen. Das Wachstum der Wurzeln geht nur von den Wurzelspitzen aus. Kurz hinter der Wurzelspitze liegt der Bereich der Wurzelhaare, der für die Wasser- und Nährsalzaufnahme sorgt. Schon wenige Zentimeter näher zum Stamm hin verholzen die äußeren

01 Die Schnittdarstellung zeigt die verschiedenen Bauelemente eines Baumstammes.

02 Je nach Jahreszeit kann die Stärkekonzentration in den einzelnen Baumteilen stark variieren (je dunkler der Braunton, umso höher die Stärkekonzentration).

03 Für das Leben einer Pflanze ist das gut abgestimmte Zusammenspiel der unterirdischen und oberirdischen Pflanzenorgane unverzichtbar.

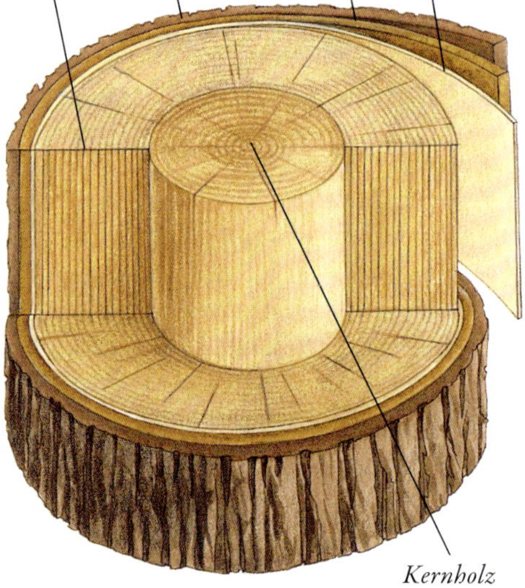

01

Wurzelschichten und können kein Wasser mehr aufnehmen, im Gegenteil, sie schützen diesen Wurzelbereich sogar gegen Wasserverlust.

Werden bei einem Wurzelschnitt die Wurzelspitzen entfernt, bilden sich an den älteren Wurzelbereichen neue Wurzelspitzen. Dieser Vorgang dauert einige Tage, weshalb ein Bonsai nach einem Wurzelschnitt für etwa zwei Wochen in den Halbschatten gestellt werden sollte, da ohne intakte Wurzelspitzen nur sehr wenig Wasser aufgenommen werden kann.

Stamm, Äste und Zweige bestehen in ihrem Innern aus abgestorbenen Holzjahresringen. Außen auf dem äußersten Holzjahresring liegt der einzige lebenslänglich teilungsfähige Stammteil, das Kambium. Im Frühjahr stellt das Kambium nach innen neue Holzzellen her. Durch Verschmelzung übereinanderliegender Holzzellen entstehen die Leitungsbahnen für den Wasser- und Nährsalztransport. Nach außen hin bildet das Kambium neue Rindenzellen. Die inneren Rindenzellschichten bilden ebenfalls Röhren aus, die aber dem Transport von Fotosyntheseprodukten von den Blättern zu den Wurzeln dienen.

Die Außenschicht der Rinde, die Borke, entsteht durch Verkorken älterer Rindenzellschichten. Bei manchen Arten trocknet die Korkschicht aus und wird in regelmäßigen Abständen abgeworfen, wodurch die Rinde des Baumes glatt bleibt. Bei vielen Arten stirbt der Kork zwar ab, wird aber nicht abgestoßen. In solchen Fällen nimmt die Borke ein schuppiges Aussehen an. Die Borke schützt vor Wasserverlust und vor dem Eindringen von Holz zerstörenden Organismen.

Die Blätter schließlich sind die Nahrungs- und Baustofferzeuger der Pflanzen. Sie sind durch den Blattstiel mit den Zweigen verbunden. In der Blattfläche setzt dieser sich als Mittelrippe fort und verzweigt sich bei Laubblättern netzartig.

Vor dem Laubabwurf im Herbst holt sich die Pflanze die noch vorhandenen Nah-

02

rungsreserven, aber auch das Blattgrün, aus den Blättern zurück. Dadurch werden die sonstigen im Blatt befindlichen Farbstoffe sichtbar, was die Blätter rötlich oder gelblich verfärbt. Die Baustoffe für das Blattgrün werden in Ästen, Stamm und Wurzeln gespeichert.

DER STÄRKESPEICHER

Je nach Jahreszeit finden wir eine unterschiedliche Konzentration an eingelagerter Stärke in den verschiedenen Baumorganen. Im Winter ist die Konzentration an Stärke besonders hoch in den Wurzeln und in den inneren Holzbereichen. Die Stärke benötigt der Baum für den Austrieb im Frühjahr. Werden bei einem Wurzelschnitt im Winter erhebliche Wurzelteile zurückgeschnitten, verliert der Bonsai viele Speicherstoffe. Bei einem Wurzelschnitt kurz vor dem Austrieb, wenn die Knospen anzuschwellen beginnen, ist der Verlust erheblich geringer. Deshalb sollte der Wurzelschnitt immer zu dieser Zeit stattfinden.

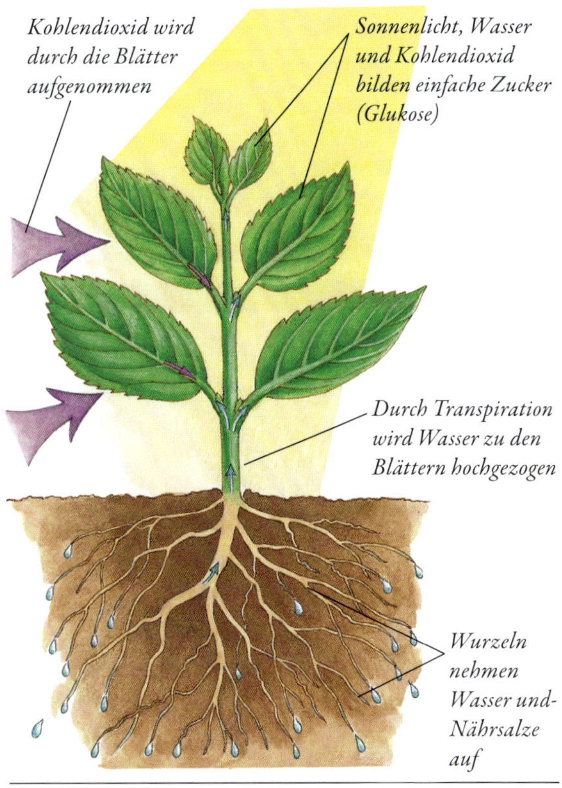

03

GESTALTUNGEN & STILARTEN

BAUMCHARAKTERE IN MINIATUR

Die Formen, die wir Bonsai geben, orientieren sich an den Gestalten, die wir in der freien Natur vorfinden. In Japan haben sich so im Laufe der Jahrhunderte die Grundstilarten entwickelt.

DIE GRUNDSTILARTEN

DIE FREI AUFRECHTE FORM

Bei dieser am häufigsten gestalteten Grundstilart weist der Stamm sanfte Biegungen auf, die von unten nach oben immer weniger ausladend sind. Die Stammbiegungen gehen hier nicht nur zu den beiden Seiten, sondern auch nach vorn und hinten, also in alle horizontalen Raumrichtungen. Über dem gut sichtbaren Stammfuß liegt die Krone im Lot, neigt sich aber ganz leicht nach vorn. Dadurch öffnet sich der Baum freundlich dem Betrachter. An den Außenseiten der Stammbiegungen entspringen die dickeren Äste, nehmen die Stammbewegungen auf und führen sie in horizontaler Richtung fort.

Der unterste Ast oder Hauptast ist der dickste und längste und zeigt zu einer der beiden Seiten. Der zweite Ast liegt etwas höher an der zweiten Stammbiegung, ist etwas kürzer und zeigt leicht nach hinten versetzt zur anderen Seite. Der dritte Ast zeigt nach hinten und gibt von vorn noch leicht sichtbar der Gestaltung Tiefe.

In diesem Dreierrhythmus gehen wir bis zur Spitze des Baumes, der Krone. Die Spitzen

01

03

02

04

des untersten Astes, des zweiten Astes und der Krone bilden die Eckpunkte eines ungleichschenkligen Dreiecks und legen damit die Silhouette des Baumes fest.
Als Schalen kommen flache ovale oder rechteckige Formen infrage. Die Breite der Schale sollte zwei Dritteln der Baumhöhe entsprechen.

DIE STRENG AUFRECHTE FORM

Ein bis zur Baumspitze vollkommen gerader Stamm entwickelt sich bei dieser Grundstilart aus einem sternförmig angeordneten Wurzelhals. Wie bei der frei aufrechten Form verjüngt sich der Stamm gleichmäßig vom Wurzelansatz bis zur Spitze. Nach dem astfreien unteren Stammdrittel kommt der unterste Ast, der Hauptast. Er zeigt zu einer der beiden Stammseiten. Die anderen Äste folgen dem Muster der frei aufrechten Form. Während der Stamm ganz gerade ist, sind bei den Ästen leichte, aber markante Biegungen erlaubt. Von unten nach oben werden die Äste dünner, kürzer und weniger verzweigt. Wieder bildet ein ungleichschenkliges Dreieck aus Hauptast, zweitem Ast und Baumspitze die Baumsilhouette. Für die Schalenauswahl gelten dieselben Kriterien wie für die frei aufrechte Form.

01 *Bei der frei aufrechten Form entspringen die Äste an den Außenseiten der Stammbiegungen und verzweigen sich dann immer feiner.*

02 *Diese frisch gestaltete Kiefer in frei aufrechter Form hat einen sehr schönen Stammansatz. Die Laubpolster des Baumes werden in den nächsten Jahren weiter aufgebaut.*

03 *Die streng aufrechte Form hat einen bis zur Baumspitze geraden Stamm.*

04 *Eine ausdrucksstarke Hainbuche in streng aufrechter Form mit kraftvollem Wurzelansatz*

Diese Eibe stellt die Merkmale der gelehnten Form perfekt dar. Ein gelungenes Zusammenspiel von Fülle und Leere.

DIE GELEHNTE FORM

Bei dieser Grundstilart neigt sich der ganze Baum zu einer der beiden Seiten. Während die Wurzeln des Stammfußes auf der neigungsabgewandten Seite gestreckt sind, sind die Wurzeln auf der gegenüberliegenden Seite gestaucht. Der Hauptast entspringt nach dem unteren astfreien Stammdrittel auf der neigungsabgewandten Seite und führt möglichst parallel zum Stamm nach unten. Die Äste der Stammneigungsseite sind kürzer und versuchen die Neigung des Stammes auszubalancieren. Die längeren Äste der anderen Seite bilden das Gegengewicht. Der Stamm kann leichte Biegungen aufweisen oder auch ganz gerade sein.
Als Schalen wählen wir wieder flache ovale oder rechteckige Schalen aus.

Bei der gelehnten Form werden die Äst so angeordnet, dass wieder Gleichgewicht herrscht.

Die Kaskade streckt ihren Stamm bis unter die Schalenbasis herab.

DIE KASKADE

Durch einen Erdrutsch im Hochgebirge oder an einer Steilküste kann ein Baum aus seiner Balance gedrückt werden, ohne dass er dabei entwurzelt wird. Nun weist die Krone über die Steilklippe nach unten. Häufig baut der Baum aus einem Nebenast eine neue, verkleinerte, senkrecht nach oben wachsende Krone auf, um das Gleichgewicht wiederzuerlangen.

Die Hauptaussage erhält die Kaskade durch die Äste, die über den Schalenrand in die Tiefe reichen. Diese Äste sollten über die Schalenbasis hinabreichen. Die Anordnung der Äste gleicht grünen Treppen, wobei die Stamm- und Astbiegungen leichte S-förmige Schwünge aufweisen. Die an den Außenseiten der Schwünge entspringenden Äste und die daran befindlichen Laubpolster weisen von der Schale weg nach außen. Über der ersten starken Stammbiegung, die sich noch über der Schalenfläche befindet, erhebt sich die neue, meist schirmförmige, niedrige Krone.

Die Schale sollte ein optisches und tatsächliches Gegengewicht für die in die Vertikale weisende Baumform darstellen. Daher benötigen wir eine recht tiefe Schale, die entweder kreisrund, quadratisch oder mehreckig ist. Der Schalendurchmesser entspricht ungefähr dem Fünffachen des Stammdurchmessers. Genau in die Mitte der Schale gepflanzt erstreckt sich die Kaskade bei eckigen Schalen über eine der Schalenseiten und neigt sich von hier in die Tiefe.

MAME-BONSAI

Wenn man einen Bonsai auf bis zu 20 Zentimeter Maximalhöhe reduziert und er immer noch ganz natürlich wirkt, spricht man von Mame-Bonsai. Bei diesen Miniatur-Bonsai werden an das gestalterische und pflegerische Können des Bonsai-Künstlers besonders hohe Anforderungen gestellt.

WEITERE STILARTEN

Neben den genannten Stilarten gibt es viele abgeleitete Grundstilarten. Hier sollen nur zwei Beispiele genannt werden:

— Literatenform: Hier versucht der Gestalter, einen in Askese lebenden Gelehrten darzustellen. Der schlanke Stamm mit den wenigen, mäßig belaubten Ästen und der ausgeprägten Krone vermag die Zurückgezogenheit des Gelehrten gut zu vermitteln.

— Windgepeitschte Form: In windexponierter Lage werden Stamm und Äste in die dem Wind abgewandte Richtung umgelenkt.

Einseitiger Wind drückt Stamm und Äste in eine Richtung – die windgepeitschte Form.

Bei der Literatenform ist der schlanke Stamm über eine weite Strecke unbeastet.

GEHÖLZGRUPPEN

In der Bonsai-Kunst hat die Gestaltung von kleineren Gehölzgruppen bis hin zu großen, undurchdringlichen Wäldern sehr viele Liebhaber. Wald- und Gehölzgruppenpflanzungen sind vor allem für Anfänger interessant, da bei den Einzelbäumen innerhalb der Gestaltung noch nicht so hohe gestalterische Fähigkeiten gefordert sind. Bei der Gestaltung von Gehölzgruppen sollte man einige Grundsätze beachten:

- Es werden nur Bäume derselben Art verwendet. Gruppen aus verschiedenen Gehölzarten sind häufig schwieriger zu pflegen, da die einzelnen Baumarten unterschiedliche Bedürfnisse haben können.
- Um Symmetrie zu vermeiden wählt man eine ungerade Anzahl von Bäumen aus. Lediglich die Größe der Schale begrenzt die Höchstzahl an verwendeten Bäumen.
- Die Bäume sollten sich in Stammdicke und -höhe unterscheiden. Der höchste Baum oder Hauptbaum ist immer auch der dickste. Die anderen Bäume werden abgestuft immer kleiner und dünner.
- Sehr flache und großflächige Schalen oder andere Pflanztabletts sind besonders gut für Gehölzgruppen geeignet.

EIN GESCHLOSSENER WALD

Man kann zum Beispiel aus 13 Bäumen einen geschlossenen Wald pflanzen. Der Hauptbaum steht etwas mehr als ein Drittel von einer Schalenseite entfernt. Zur anderen Seite hin pflanzen wir den ersten Nebenbaum (zweitdickster Baum). Während der Hauptbaum hinter der Mittellinie steht, pflanzen wir den Nebenbaum kurz vor der Schalenmittellinie. Der zweite Nebenbaum (drittdickster) steht neben dem Hauptbaum und rückt stärker in den Vordergrund als der erste Nebenbaum. Die Verbindungslinien der drei Hauptbäume bilden von oben betrachtet ein ungleichschenkliges Dreieck. Einige der kleineren Bäume werden in den Hintergrund gesetzt und geben so der Gestaltung Tiefenwirkung. Beim Pflanzen der Bäume muss man darauf achten, dass niemals drei oder mehr Bäume in einer Reihe stehen. Solche Linien erinnern an Baumplantagen und sollten auf jeden Fall vermieden werden. Bei Mischwäldern müssen die Baumarten gleiche Pflegeanforderungen haben.

MEHRFACHSTÄMME

Wächst aus einem Wurzelballen mehr als ein Stamm, spricht man von Mehrfachstämmen. Bei dieser Stilart gelten für die Anordnung der miteinander verbunde-

Ein natürlich wirkender Wald besteht aus unterschiedlich dicken und hohen Bäumen einer Art.

Beim Mehrfachstamm entspringt eine ungerade Anzahl von Stämmen einem Wurzelballen.

Die Fichte in Doppelstammform besteht aus zwei etwa gleich starken Stämmen, die sich in einem spitzen Winkel aus einem gemeinsamen Wurzelansatz entwickelt haben.

nen Stämme dieselben Regeln wie für die Waldform. So spricht man von der kriechenden Form, wenn aus weit unten ansetzenden Ästen eines Baumes durch Bodenkontakt bewurzelte Stämme wurden, die weiterhin mit dem Ursprungsbaum verbunden bleiben. Aus einem umgestürzten Baum, dessen ehemalige Äste zu neuen Stämmen herangewachsen sind, wird die Floßform. Der ehemalige Stamm bildet nun die verbindende Wurzel.

LANDSCHAFTSSTIL

Bei der Landschaftsform stellen eindrucksvolle Steine Felsen dar, die mit Bäumen kombiniert werden. Als Felsen verwendet man in erster Linie verwitterungsbeständige Steine in interessanten Formen, die möglichst keine Bearbeitungsspuren aufweisen. Nicht geeignet sind hingegen Steine aus leicht verwitterndem Sandstein. Man kann hier auch sehr gut Bäume verwenden, die sich nicht so gut zum Einzel-Bonsai eignen.

EIGENE BONSAI GESTALTEN

Sie haben in einem Gartencenter, einer Baumschule, in der freien Natur oder im eigenen Garten einen gedrungenen Baum gefunden, der sich vielleicht für eine Gestaltung zum Bonsai eignet.

KRITERIEN FÜR EINEN GEEIGNETEN BAUM

1. Der kleine Baum hat einen durchgehenden, sich harmonisch verjüngenden Stamm.
2. Muss der Stamm eingekürzt werden, sollte er in der beabsichtigten Höhe einen Ast tragen, den man durch Drahten zur neuen Stammspitze umleiten kann.
3. Der Baum sollte in einer Höhe gleichmäßig zu beiden Seiten und nach hinten wegstrebende dickere Wurzelansätze haben. Hieraus wird der spätere Stammfuß bzw. Wurzelhals geformt. Ein gut geformter Stammfuß ist eine notwendige Voraussetzung für einen Bonsai.
4. Nach etwa einem Drittel der Stammhöhe vom Wurzelhals aus gerechnet sollte sich ein Ast befinden, der sich als Hauptast eignet. Sollte der Ast zu steil nach oben wachsen, muss er noch biegbar sein. Mithilfe von Bonsai-Draht kann er in die gewünschte Form gebracht werden.
5. Die darüber liegenden zwei Drittel des Stammes sollten viele Äste und Zweige tragen, damit man die für die weitere Gestaltung notwendigen Äste auswählen kann. Die für die Gestaltung wichtigen Äste sollten von unten nach oben weniger dick und lang sein bzw. geeignet einzukürzen sein. Auch bei diesen muss häufig die Form durch eine Drahtung überarbeitet werden.
6. Mit dem Hauptast, dem zweiten Ast und der Baumspitze muss man die Eckpunkte eines ungleichschenkligen Dreiecks festlegen können.

01

DIE RICHTIGE SCHALE

Eine passende Schale zu finden ist nicht einfach. Hier finden Sie einige Auswahlkriterien:

1. Die Form der Schale wird durch die Gestalt des Baumes vorgegeben. Ovale und rechteckige Schalen eignen sich für die

02

03

04

01 Die Kronensilhouette eines Bonsai sollte ein ungleichschenkliges Dreieck bilden.

02 Diese unglasierte, tonnenförmige Schale wirkt zu schwer.

03 Diese runde Schalenform widerspricht der Baumaussage.

04 Gelungene Wahl: Die unregelmäßig geformte, unglasierte Schale unterstreicht die Natürlichkeit der Baumgestaltung.

frei aufrechte, die streng aufrechte und die gelehnte Form sowie die daraus abgeleiteten Formen, ebenso für Wälder und Mehrfachstämme. Quadratische und runde Schalen eignen sich für Kaskaden.

2. Laubbäume brauchen optisch leichte, feminine Schalen, während Nadelbäume optisch schwere, maskuline Schalen benötigen.
3. Die Schalenrandhöhe entspricht der Dicke des Stammes. Die Breite der Schale errechnet sich aus zwei Dritteln der Baumhöhe.
4. Die Farbe der Schale, ob glasiert oder unglasiert, sollte sich entweder in einem Baumteil wiederfinden oder als Komplementärfarbe gewählt werden.

1. Zunächst wird der rechte Ast auf kürzere Nebentriebe zurückgesetzt. Diese werden in der Folge zum ersten Hauptast aufgebaut.

2. Die Zweige werden weiter ausgedünnt und die Silhouette wird herausgearbeitet. Einige Zweige werden nun zu Ästen erzogen.

GESTALTUNGSBEISPIEL: FREI AUFRECHTE FORM

Der hier gezeigte Baum – wie auch die Bäume für den Wald auf S. 24/25 – stammen aus der Bonsai-Schule Enger in Westfalen. Der inzwischen verstorbene Gärtnermeister Herrmann Pieper zog vorwiegend einheimische Baumarten so heran, dass sie sich besonders gut als Roh-Bonsai eignen.
Der Roh-Bonsai ist eine etwa zehnjährige Europäische Hainbuche und etwa 30 Zentimeter hoch. Bevor die eigentliche Gestaltungsarbeit beginnt, betrachtet man den Baum von allen Seiten und legt dann die Vorderseite fest. Die Festlegung der Vorderseite richtet sich nach der Stammlinienführung, der Stellung des Hauptastes und dem Wurzelhals.
Die Stammlinienführung sollte harmonisch und gut erkennbar sein. Der Hauptast zeigt zu einer der beiden Seiten. Kräftige Wurzeln zu beiden Seiten und nach hinten kennzeichnen den Wurzelhals. Keine dicke Wurzel zeigt direkt nach vorne.

SCHNITTMASSNAHMEN

In unserem konkreten Beispiel sieht man, dass der Stamm sich in einer bestimmten Höhe in zwei Stämme aufteilt. Die linke Stammverlängerung ist harmonischer, also wird die rechte Stammverlängerung entfernt. Gleichzeitig bietet sich in einem Drittel der Stammhöhe ein Ast auf der rechten Seite als Hauptast an.
Aus der Vielzahl der verbliebenen Äste werden nun diejenigen ausgewählt, die dem Verzweigungsschema einer frei aufrechten Form am besten entsprechen. Es sollte also der nächststärkere Ast etwas höher am Stamm an der gegenüberliegenden Seite ansetzen und leicht schräg nach hinten zeigen. Der dritte Ast, wieder etwas höher ansetzend, liegt auf der Rückseite des Stammes und bildet mit den vorherigen Ästen ein ungleichschenkliges Dreieck. Die anderen,

3. Alle Aststümpfe werden am besten mit der Konkavzange entfernt.

4. Nun wird der Wurzelballen so weit reduziert, dass das Gleichgewicht der Baumteile wiederhergestellt wird.

5. So sieht das vorläufige Ende der Gestaltung aus. In den nächsten Jahren wird die Krone verfeinert.

weiter oben liegenden Äste bzw. Zweige werden nach diesem Dreiklang ausgewählt und entsprechend gestaltet. Von oben betrachtet sollten die Äste einander nicht verdecken. Alle nicht benötigten Äste und Zweige werden entfernt.

Da der Baum sich in der Folgezeit noch stärker verzweigen soll, wird dieser zukünftige Zuwachs beim Beschneiden der Äste und Zweige berücksichtigt. Man kürzt also etwas stärker ein, als für die eigentliche Gestaltung erforderlich wäre.

Einige Äste müssen zusätzlich durch Draht in ihrer Form korrigiert werden.

WURZELN EINKÜRZEN

Ist die Formgebung der oberirdischen Baumteile zufriedenstellend abgeschlossen, wird der Wurzelballen zum Einpflanzen in die Bonsai-Schale vorbereitet.

Je nachdem wie umfangreich die Reduktion der oberirdischen Baumteile war, wird zwischen einem Drittel und der Hälfte der Wurzelmasse entfernt. Dabei muss der Wurzelballen wegen der Form der Bonsai-Schale vor allem flacher werden. Vor allem dickere Wurzeln im Innern des Wurzelballens werden auf dünnere Nebenwurzeln zurückgesetzt. Es bilden sich bald neue feine Wurzeln, die für die Versorgung des Baumes wichtig sind.

EINPFLANZEN IN DIE SCHALE

Die hier ausgewählte Schale ist etwas tiefer, als es eigentlich für die Form des Baumes erforderlich wird. Dennoch ist die Auswahl der Schale sinnvoll, weil der Baum sich mit mehr Erdvolumen besser von der Erstgestaltung erholen kann. In ein bis zwei Jahren kann er dann in eine flachere und etwas breitere Schale umgepflanzt werden.

Damit sich der Wurzelhals für sein späteres Aussehen gut entwickeln kann, wird dieser Bereich zunächst mit Erde bedeckt. Im Laufe der nächsten Umtopfaktionen wird der Wurzelhals nach und nach freigelegt.

1. Lärchen (Larix decidua) unterschiedlicher Dicke und Höhe wurden ausgewählt. Jeder Baum wurde einige Jahre vorbereitet und gestaltet, auch die Wurzelballen wurden zurückgeschnitten.

2. Zur Probe werden die Bäume auf dem Tisch so zusammengestellt, dass ein natürlicher Wald (ungerade Zahl von Bäumen) mit Haupt- und Nebenstämmen entsteht.

3. Die Bäume werden auf eine dünne Schicht grober Pflanzerde gesetzt, und zwar in Form von zwei Hauptgruppen, wobei sich die beiden Hauptbäume aufeinander beziehen.

4. Damit die Bäume trotz ihrer reduzierten Wurzelballen einen Halt in der lockeren Erde finden, sollten sie mit Drähten fixiert werden.

5. Nun wird trockene Pflanzerde eingefüllt. Mit einem an der Spitze abgerundeten Stäbchen wird die Erde sorgfältig in alle Wurzelzwischenräume eingearbeitet.

6. Zum Abschluss trägt man eine dünne Schicht Deckerde auf. Nach vorsichtigem, durchdringendem Angießen wird der Wald halbschattig aufgestellt.

EIN WALD WIRD GESTALTET

VORBEREITENDE ARBEITEN

Sie benötigen eine flache, großflächige Schale oder ein entsprechendes Pflanztablett sowie eine ungerade Anzahl von Bäumchen unterschiedlicher Stammstärke und Wuchshöhe. Die verwendeten Bäume sollten vorzugsweise derselben Pflanzenart angehören. Es können entweder Laubbäume oder Nadelbäume verwendet werden. Mindestens ein Baum sollte einen recht dicken Stamm haben – in der späteren Gestaltung ist er der Hauptbaum und sollte besonders sorgfältig ausgewählt werden. Geeignete Steine als „Felsen" können aus dem Wald eine Landschaft werden lassen.

DIE EIGENTLICHE GESTALTUNG

Zunächst stellt man die Bäume probehalber noch unbeschnitten zusammen, gruppiert die kleinen Bäume um die großen und studiert ihre Gesamtwirkung. Erst jetzt sieht man, in welcher Weise die Bäume beschnitten werden müssen. Die Kronen sollten zwar eine optische Einheit darstellen, sich aber gegenseitig nicht durchdringen. Die Wurzelballen der Bäume müssen so stark beschnitten und flacher gearbeitet werden, dass sie möglichst nah nebeneinanderstehen können.

Der Hauptbaum wird besonders sorgfältig bearbeitet, da er der optische Ankerpunkt sein soll. Zur Schalenvorbereitung werden einige Drähte von unten durch die Wasserabzugslöcher der Schale geführt. In die Schale füllt man eine dünne Schicht grober Pflanzerde, auf der die Bäume platziert werden. Der Hauptbaum wird nun in der Schale außerhalb der Mitte, in unserem Beispiel nach links versetzt, platziert. Rechts und leicht nach hinten von ihm aus gesehen steht der zweitstärkste Baum. Um diese beiden Bäume herum gruppieren sich die anderen Bäume. Entsprechend gliedert sich der Gesamtwald in zwei Baumgruppen, die miteinander in Verbindung stehen. Von vorn betrachtet sollten sich die einzelnen Bäume weder verdecken noch sollten drei oder mehr Bäume eine Linie bilden. Auch von den Seiten her betrachtet dürfen keine Baumlinien zu sehen sein.

Die Lärchen haben die Gestaltung gut überstanden, was sich an dem frischen Austrieb zeigt.

Damit die Bäume sicher in der Schale stehen, sollten sie mit Drähten fixiert werden, die über die Wurzelballen gelegt werden. Die freien Drahtenden werden fest miteinander verdrillt. Danach wird krümelige, trockene Pflanzerde eingefüllt und mit einem Stäbchen gründlich in die Wurzelzwischenräume eingearbeitet. Nur die Wurzeln, die engen Kontakt zur Erde haben, können Wasser und Nährstoffe aufnehmen. Zum Abschluss wird eine dünne Schicht feinerer Deckerde aufgetragen. Flache Moospolster zwischen den Bäumen unterstreichen die Natürlichkeit der Gestaltung und dienen als Wasserspeicher. Sie werden beispielsweise beim Umtopfen aus anderen Bonsai-Schalen geerntet. Vorsichtig, aber durchdringend wird der Wald angegossen und an einem halbschattigen Ort aufgestellt.

Die eckige Schale unterstreicht den herben Charakter der Waldgestaltung. Gekonnt eingebrachte, gut geformte Steine, die Felsen darstellen sollen, können den Eindruck einer Gebirgslandschaft erzeugen.

PFLEGE, WERKZEUG & GESTALTUNG

AUCH DIE NATUR GESTALTET BÄUME

Zwar ist in der Erbmasse einer jeden Baumart die grundsätzliche Form festgeschrieben, je nach Standort und klimatischen Gegebenheiten erlangt der jeweilige Baum jedoch seine individuelle Gestalt.

DIE SUCHE NACH DEM „ROH-BONSAI"

Um Gestaltungsvorbilder für die Bonsai-Erziehung zu finden, sollte man sich Bäume an Extremstandorten wie dem Hochgebirge anschauen. So entwickelt man ein Gespür für die Gestaltungsmöglichkeiten, die eine bestimmte Baumart in sich trägt. Versuchen Sie nie, einen Baum gegen seine Natur zu formen. Im schlechtesten Fall stirbt er. Für die Bonsai-Gestaltung geeignete Bäume findet man in Gartencentern, Baumschulen, in der freien Natur oder im eigenen Garten. Man schaut nach Bäumen, die bereits eine gewisse Stammdicke aufweisen. Der Stamm sollte sich harmonisch von unten nach oben verjüngen oder auf die gewünschte Höhe einkürzen lassen. Sinnvollerweise kürzt man den Stamm oberhalb eines Astes ein, der zur Weiterführung des Stammes in der Lage ist. Zusätzlich sollte der Bonsai-Kandidat möglichst viele Äste und Zweige haben.
Will man „Roh-Bonsai" in der freien Natur sammeln, ist Folgendes zu beachten:

1. Es dürfen nur mit Genehmigung des Grundstücksbesitzers Bäume ausgegraben werden. Für staatliche Wälder erhält man eine Ausgrabegenehmigung vom jeweiligen Revierförster.
2. Als Werkzeuge benötigen Sie einen scharfen Spaten, eine stabile Gartenschere, stabile Plastikfolie, einen Wasserbehälter und Packband.
3. Planen Sie, wenn möglich, für das Ausgraben zwei Jahre ein. Als Zeitraum für die Ausgrabeaktion sollte das zeitige Frühjahr oder der Spätherbst gewählt werden: Im ersten Jahr wird der Wurzelballen, etwa im Kronendurchmesser, mit dem scharfen Spaten grob umstochen. Dadurch werden die Wurzeln, die vom Stamm weiter weg ins Erdreich führen, gekappt. Nun hat der Baum eine Wachstumsperiode lang Zeit, einen kompakteren Wurzelballen auszubilden. Im darauffolgenden Jahr wird der Baum ausgegraben. Achten Sie darauf, dass möglichst viel Erde im Wurzelballen verbleibt und schützen sie ihn mit Plastikfolie gegen Austrocknen. Eventuell muss der Ballen mäßig gewässert werden. Mit dem Packband wird die Folie um den Ballen zusätzlich gesichert.
4. Zu Hause kürzt man dicke, sehr lange Wurzeln auf Ansätze feinerer Wurzeln hin ein. Verletzte und ausgefaserte Wurzeln schneidet man zurück, damit es im Ballen nicht zu Fäulnis kommt. Nun setzt man den Baum in einen großen

Diese Lärche mit der leuchtenden Herbstfärbung wurde in der Natur gefunden.

Der Winter ist wegen seines extremen Wetters ein wichtiger „Baumgestalter".

Selbst kleinste Vertiefungen in Felsen können, wenn sich Humus angesammelt hat, von Bäumen besiedelt werden.

Topf oder eine große Holzkiste mit Wasserabzugslöchern. Die Pflanzerde sollte nicht zu fein sein, damit sich der Wurzelballen bei ausreichender Belüftung gut erholen kann. Auf keinen Fall sollte der Baum jetzt schon in eine Bonsai-Schale gepflanzt werden. Zwar kann man den Baum jetzt schon grob durch Schnittmaßnahmen gestalten, aber noch nicht drahten. Erst wenn der Baum sich einige Zeit erholt und weiterentwickelt hat, wird er durch Schneiden und Drahten zum Bonsai gestaltet.

WILDVERBISS

Bei der Suche nach einem geeigneten Bonsai-Kandidaten lohnt es sich Gegenden aufzusuchen, in denen Wildverbiss zu erwarten ist. Sprechen Sie mit dem Revierförster oder Jagdpächter, wo ein solcher Bereich zu finden ist. Die „gestaltenden" Rehe und Hirsche fressen vor allem im Winter gern die vorjährigen Triebe junger Bäume zurück. Geschieht das über mehrere Jahre, entsteht ein kompakter, kleiner Baum, der oft gute Voraussetzungen für einen Bonsai mitbringt.

DER BESTE PLATZ FÜR SOMMER UND WINTER

Wichtig für die Gesunderhaltung und weitere Entwicklung des Bonsai ist die Wahl des Standorts. Je nach Baumart wird ein sonniger oder ein halbschattiger Aufstellungsort bevorzugt.

DER RICHTIGE STANDORT

Alle bei uns heimischen Bäume sind Freiland-Bonsai. Sie werden das ganze Jahr über im Garten, auf der Terrasse oder auf dem Balkon gepflegt. Bis auf wenige Tage während der Wachstumszeit dürfen sie nicht im Zimmer stehen. Auf keinen Fall aber dürfen sie im Winter in geheizten Räumen aufgestellt werden. Die winterliche Ruhezeit ist für die Bäume genauso unabdingbar, wie für uns der nächtliche Schlaf. Wird dieser Jahres- bzw. Tagesrhythmus gestört, erkrankt oder stirbt der Baum genauso wie wir.

HELL UND LUFTIG

Während der Wachstumszeit ist ein heller, luftiger Standort für die Entwicklung der Bonsai ideal. Die Stellflächen sollten so ausgewählt werden, dass überschüssiges Gießwasser ungehindert abfließen kann. Aus einzelnen Brettern mit Zwischenräumen zusammengebaute Regale bieten diese Voraussetzung. Sehr ungünstig sind alle Stellflächen mit glatten Oberflächen, da hier das aus den Abflusslöchern im Schalenboden auslaufende Wasser nicht abfließen kann. Das kann zu Staunässe führen, die wiederum einen schweren Wurzelschaden auslöst.

GUTES ÜBERWINTERN

Ein richtig gepflegter, gesunder Freiland-Bonsai übersteht nach einer guten Aushärtung im Herbst sehr tiefe Temperaturen. Die oberirdischen Baumteile vertragen an einem windgeschützten Standort Temperaturen bis –20 °C problemlos. Lediglich der Wurzelballen sollte nicht mehr als fünf Tage hintereinander durchgefroren sein. Da die oberirdischen Teile weiterhin Wasser verdunsten, dieses durch die eingefrorenen Wurzeln aber nicht nachgeliefert werden kann, kommt es zu Frosttrocknis, d. h., Baumteile trocknen langsam aus.

DER PERFEKTE PLATZ

Als idealer Überwinterungsstandort kann ein Gartentisch dienen. Auf den Boden unter dem Tisch legt man Platten aus Styropor, auf die die Bäume gestellt werden. Über den Tisch breitet man nun eine Abdeckung aus sogenannter Noppenfolie, die man in Gartencentern und Baumärkten erwerben kann. Damit die Folie bei Wind nicht weggeblasen wird, legen wir auf die am Boden aufliegenden Folienränder einige ausreichend schwere Steine. Diese Konstruktion kann natürlich bei einer größeren Bonsai-Sammlung leicht durch ein aus einigen sta-

01

02

03

ALTERNATIVE ÜBERWINTERUNGS-MÖGLICHKEITEN

Als Überwinterungsort eignet sich auch ein tiefer liegender Kellereingang am Haus. Hier sind die Bäume vor austrocknenden Winden geschützt, haben aber dennoch genügend Licht. Zusätzlich können die Schalen in einer größeren Holzkiste in angefeuchtete Blumenerde eingesenkt werden und so gegen Durchfrieren geschützt werden.

bilen Latten, zum Beispiel Dachlatten, zusammengebautes Gestell variiert werden. Bei Sonnenschein wird die Folienabdeckung geöffnet, da in der direkten Sonne recht schnell sehr hohe Temperaturen unter der Folie erreicht werden können. Unter ungünstigen Bedingungen können die Bäume sonst vorzeitig aus der Winterruhe erwachen und überstehen dann die nächsten frostigen Nächte nicht.

GIESSEN JA, DÜNGEN NEIN!

Natürlich muss auch im Winter regelmäßig die Bodenfeuchte überwacht werden und bei Bedarf gegossen werden. Auf keinen Fall darf aber im Winter gedüngt werden. Jegliche Düngergabe im Winter führt zum Austrocknen der Wurzeln und damit zu einem Wurzelschaden.

01 Im Sommer stehen die Bonsai auf halbhohen Holzregalen, damit sie optimal gepflegt werden können. Wichtig sind die Zwischenräume zwischen den Latten.

02 Auf den Tischen sollten die Bäume genügend Abstand zum Nachbarbaum haben.

03 Ein Gartentisch, einige Styroporplatten und Noppenfolie sind die Bestandteile für eine Bonsai-Überwinterungsstation. Bei Sonne wird die Folie aufgedeckt, damit sich der Innenraum nicht zu stark erwärmt.

BONSAI RICHTIG ERNÄHREN

Wie oft ein Bonsai gegossen und gedüngt werden muss, hängt von der Baumart, der Temperatur, der Jahreszeit, dem Standort und nicht zuletzt von der Größe des Bonsai ab.

WASSER OPTIMAL DOSIEREN

Die im Pflanzenteil angegebenen Erdmischungen enthalten immer einen Anteil Akadama-Erde. Akadama-Erde ist im feuchten Zustand deutlich dunkler als im trockenen Zustand. Wenn die Erde hell wird, ist sie trocken und es ist der richtige Zeitpunkt zum Gießen gekommen.

Zum Wässern verwendet man möglichst sauberes Regenwasser. Leitungswasser ab Härtegrad 2 hat einen erhöhten Salzanteil und führt mit der Zeit zu unschönen Kalkausblühungen am Schalenrand und auf der Erdoberfläche. Zusätzlich verändert der gelöste Kalk auch den pH-Wert (Säuregrad) des Bodens, was wiederum die Aufnahme von Dünger behindern kann. Die meisten Bäume benötigen einen relativ stabilen pH-Wert im leicht sauren Bereich für eine optimale Nährsalzversorgung.

Von einer langhalsigen Gießkanne mit einem feinen Brausekopf wird beim Gießen das Wasser in feine Tröpfchen verteilt und kann so wie ein milder Sommerregen lang-

Links: Optimale Düngerversorgung sorgt für satte Laubfärbung, guten Austrieb und eine insgesamt gesunde Pflanze. Rechts: Unterversorgte Bäume kränkeln leicht.

sam ins Erdreich eindringen. Es wird so lange gegossen, bis Wasser aus den Wasserabzugslöchern auszufließen beginnt.
Ist die Erde einmal richtig trocken geworden, kann es sein, dass schon nach kurzer Zeit Wasser aus den Abzugslöchern auszufließen beginnt oder über die Erdoberfläche abperlt, obwohl die Erde nur wenig Wasser ausgenommen hat. In solch einem Fall wird in Etappen gegossen. Zunächst gießt man die Erdoberfläche an, bis sie das Wasser in sich eindringen lässt und gießt danach, bis sich die Erde mit Wasser sättigt.

DÜNGER FÜR DIE GESUNDHEIT

Achten Sie darauf, dass Sie die Empfehlungen für den Düngezeitraum in den Pflanzenporträts möglichst genau einhalten. Düngt man noch zu spät oder mit zu viel Stickstoff im Dünger im Herbst, härten die Bäume nicht richtig aus und sterben eventuell im Winter ab.
Grundsätzlich teilt man die Dünger in zwei Gruppen ein: organische und anorganische Dünger. Die für die Bonsaipflege erhältlichen organischen Dünger liegen in Form fester sogenannter Düngerkugeln vor. Anorganische Dünger kennen Sie in meist flüssiger Form als normale Grünpflanzendünger.
Pflanzen können Dünger nur in Form von Nährsalzen aufnehmen. Entsprechend müssen japanische Düngekugeln erst durch die Boden-Organismen aufgeschlossen werden. Die aus organischem Dünger freigesetzten Nährsalze wirken mit deutlicher zeitlicher Verzögerung, aber gleichzeitig schonend auf die Pflanzen. Daher ist diese Form von Dünger für Bonsai sehr empfehlenswert. Legen Sie je nach Nährstoffbedarf der einzelnen Baumarten mehrere Düngekugeln auf die Erdoberfläche und gießen Sie anschließend gut an. In die feuchten Düngekugeln dringen im Boden befindliche Bakterien ein, die bei ihrem Stoffwechsel

Der lange Hals der Bonsai-Gießkanne und der feine Brausekopf lassen das Wasser in sanftem Strahl auf die Erdoberfläche rieseln.

die Nährsalze freisetzen und somit für den Bonsai verfügbar machen.
Nach etwa vier Wochen sind die vorhandenen Nährstoffe vollständig freigesetzt und die Düngekugelreste werden entfernt. Nun werden an anderen Stellen neue Düngekugeln aufgelegt. Bis zum Ende der jeweiligen Düngeperiode wird in gleicher Weise verfahren.
Bei anorganischen Düngern wie Blumendünger besteht leicht die Gefahr der Überdosierung. Dennoch können manchmal anorganische Flüssigdünger sehr hilfreich sein. Zeigt ein Baum Mangelerscheinungen, wie Hellwerden der Blätter mit gleichzeitig grünen Blattadern, gleichen solche Dünger den Mangel sehr schnell aus.
Grundsätzlich sollten Sie sich an die Dosierungsempfehlung auf der Verpackung halten. Wichtig ist, dass solche Flüssigdünger niemals auf den trockenen Boden aufgebracht werden dürfen. Der erhöhte Salzgehalt führt leicht zu einer Entwässerung der Wurzeln und somit zu einem mehr oder weniger schweren Wurzelschaden.

MIT DRAHT DIE TRIEBE LEITEN

Will man mit einem relativ jungen Baum einen alten Baum darstellen, müssen seine Äste oft in der Form verändert werden. Meist verwendet man dazu verkupferten Aluminiumdraht in verschiedenen Stärken.

DAS EINDRAHTEN

Bei der Auswahl der richtigen Drahtstärke gilt die Faustregel: Der Draht sollte etwas mehr Festigkeit haben als der einzudrahtende Baumteil. Zum Zurechtschneiden und späteren Entfernen des Drahtes brauchen wir eine Drahtzange. Ähnlich wie bei einem Seitenschneider greifen bei diesem Werkzeug die Schneidbacken aufeinander zu. Durch die langen Griffe gibt die Hebelwirkung genügend Kraft für das Durchkneifen selbst dicker Drähte.

Bei der Gestaltung werden alle Triebe bis in die feinsten Spitzen eingedrahtet.

Will man einen Baum vollständig eindrahten, werden zunächst der Stamm, anschließend die Äste und zuletzt die Zweige mit Draht geformt.
Folgende Regeln sind zu beachten:

1. Bei einer Stammdrahtung wird das eine Drahtende in einem Winkel von 45 Grad auf der Rückseite des Stammes zur Verankerung in die Erde gesteckt.
2. Während man mit der einen Hand den Draht fixiert, wird er mit der anderen Hand im 45-Grad-Winkel um den Stamm gewunden.
3. Der Draht sollte zwar dem Baumteil anliegen, darf aber nicht in die Rinde einschneiden.
4. Sollen Äste und Zweige eingedrahtet werden, erhalten nach Möglichkeit zwei gleich starke Äste oder Zweige einen gemeinsamen Draht. Beim Übergang von einem Ast oder Zweig zum anderen sollte mindestens eine Drahtwindung um den Stamm oder Ast geführt werden.
5. Werden mehrere Drähte um einen Baumteil gelegt, müssen die Drähte parallel zueinander, eng einander anliegend geführt werden und dürfen sich nicht überkreuzen.
6. Der Draht sollte auf der Außenseite der beabsichtigten Biegung liegen. Nur so kann er ausreichend viel Druck auf die Biegung ausüben.

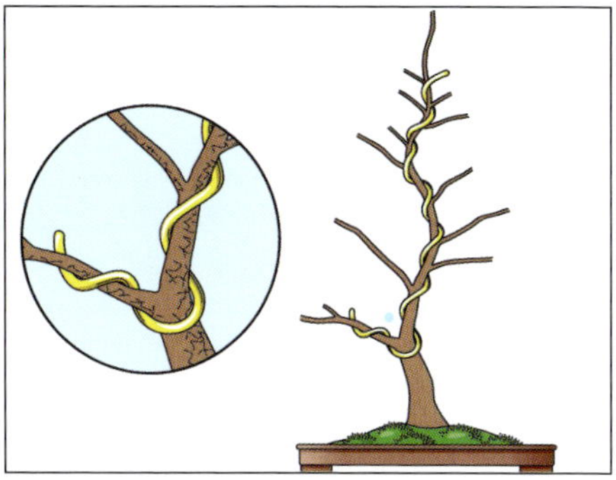

Muss nur ein Teil des Stammes gedrahtet werden, dient ein Ast der Fixierung. Hierbei wird der Ast mit wenigen Umwindungen versehen. Ähnlich geht man bei der Drahtung zweier Äste vor. Sie werden mit einem gemeinsamen Draht geformt.

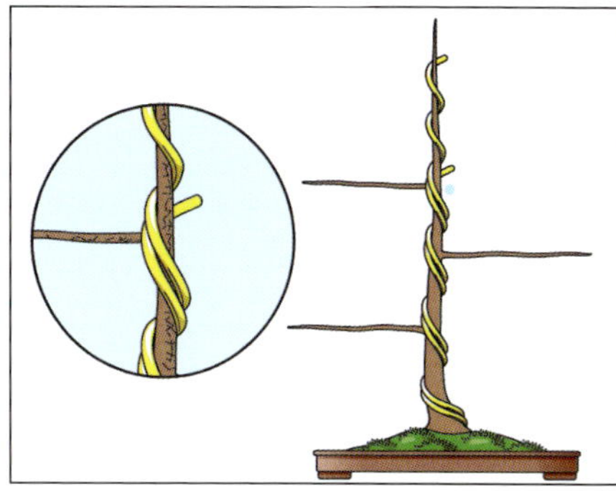

Für eine Stammdrahtung wird das untere Drahtende nah am Stamm in die Erde gesteckt und gleichmäßig den Stamm hinaufgeführt. Reicht die Stärke des Drahtes für die Formkorrektur nicht aus, wird parallel ein zweiter Draht angelegt.

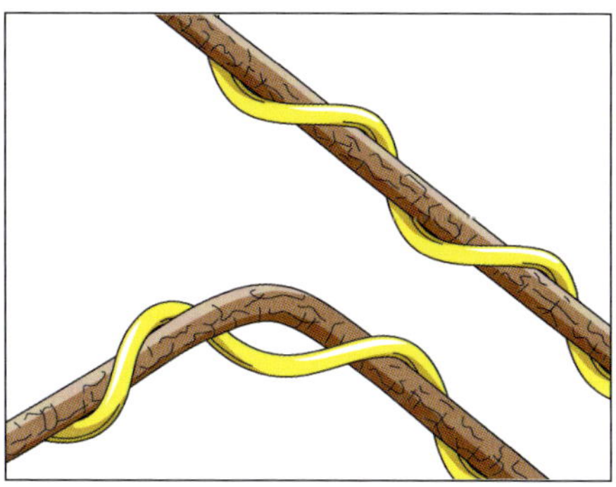

Oben: Richtig! Der Draht muss in gleichmäßigen Schwüngen an den entsprechenden Baumteil angelegt werden. Unten: Falsch! Der Draht liegt nicht auf der Außenseite der Biegung und kann so nicht den nötigen Formdruck erzeugen.

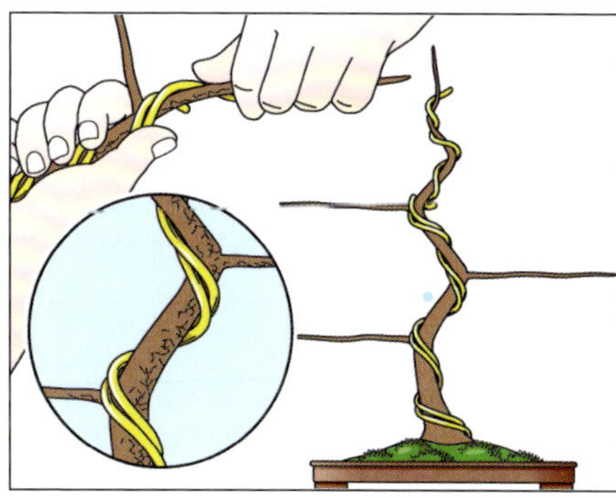

Beim Biegen des Baumteils arbeitet man mit beiden Händen. Während der Daumen der einen Hand an der Biegungsinnenseite Druck ausübt und die Biegung sichert, wird die andere Hand oberhalb angesetzt und übt den Biegedruck aus.

7. Beim Biegen des Baumteiles arbeitet man mit beiden Händen. Der Daumen der einen Hand liegt auf der Innenseite der Biegung, während die andere Hand die Biegung ausführt.
8. Nach dem Drahten lässt man dem Baum ausreichend Zeit, die Formkorrektur durch neues Holzwachstum zu stabilisieren. Spätestens dann, wenn der Draht in die Rinde einzudrücken beginnt, muss er wieder entfernt werden. Sollte der Baumteil wieder in seine vorherige Form zurückkehren, muss neu gedrahtet werden.

DAS ENTDRAHTEN

Beim Entfernen des Drahtes arbeitet man sich von oben nach unten und von außen nach innen durch den Baum. Zunächst werden die dünneren und danach die dickeren Drähte entfernt.
Mit der Drahtzange werden die Drähte vorsichtig Windung für Windung durchgekniffen, bis sie herunterfallen. Auf keinen Fall sollte man versuchen, den Draht abzuwickeln, da dabei leicht Pflanzenteile abbrechen können!

Vorher: Mit der feinen Bonsai-Schere werden dünnere Triebe ungefähr 1 cm oberhalb einer Knospe sauber abgeschnitten.

Nachher: Die Achselknospe zeigt in die Richtung, in die sich der aus ihr wachsende neue Trieb entwickeln wird. So lässt sich die Verzweigung verfeinern.

FORMGEBUNG UND FORMERHALT DURCH SCHNITT

Ein Baum wird durch Schnittmaßnahmen erst zum Bonsai und muss lebenslänglich durch Schnitt in Form gehalten werden.

BONSAI-SCHEREN

Für den Anfang benötigen Sie eine oder mehrere Bonsai-Scheren für feinere und gröbere Schnittmaßnahmen. Normales, im Gartenhandel erhältliches Schneidewerkzeug ist für Bonsai meist zu grob und damit ungeeignet. Selbst gute Rosenscheren fasern häufig beim Schnitt das Pflanzengewebe aus, was zu einer schlechten Wundverheilung beiträgt.

Mit Bonsai-Scheren lassen sich saubere Schnitte durchführen, ohne dass das Pflanzengewebe ausfranst. Mit der normalen Bonsai-Schere können mittelstarke Triebe geschnitten werden. Die schlanke Bonsai-Schere ist zum Einkürzen feinerer Triebe, vor allem im Kroneninnern, geeignet.

DIE RICHTIGE SCHNITTFÜHRUNG

Mit der richtigen Schnittführung geben wir vor, wohin der nächstfolgende Trieb wachsen wird. Das geht so: In jeder Laubblattachsel entwickelt sich eine Knospe. Diese zeigt in die Richtung, in die der sich daraus entwickelnde Neuaustrieb wachsen wird. Zur Verlängerung des Zweiges wählen wir bevorzugt Knospen aus, die auf der Unterseite des Zweiges stehen. Die hier austreibenden Zweige verlängern den Ast viel natürlicher als neue Zweige, die sich auf der Oberseite des Astes entwickeln. Die aus Knospen an der Oberseite wachsenden Triebe gehen eher senkrecht nach oben, was nicht erwünscht ist.

Vorher: Bei einem gesunden Baum werden beim Blattschnitt die Blattstiele mit einer Bonsai-Schere in der Nähe der Blattflächen durchtrennt.

Nachher: Bald trocknet der Blattstiel ein und fällt ab. Aus der Blattachsel wachsen nach kurzer Zeit meist kleinere Blätter heran.

Um eine stärkere Verzweigung zu erzielen, wählen wir Knospen aus, die seitwärts gerichtet sind.

DER BLATTSCHNITT

Häufig werden die Blätter schon durch die pflegerischen Maßnahmen verkleinert, manchmal müssen wir den Baum aber hierbei unterstützen.
Alle zwei bis drei Jahre können wir bei Laubbäumen einen Blattschnitt durchführen. Dazu müssen die Bäume gesund sein und dürfen nicht von Schädlingen befallen sein.
Sobald die Blätter ausgehärtet und in den Blattachseln kleine Knospen erkennbar sind, dürfen die Blätter entfernt werden. Dazu schneidet man die Blattflächen am Übergang zum Blattstiel ab, belässt aber die Blattstiele am Baum. Nach wenigen Tagen trocknen die Blattstiele ein und fallen ab. Zwei bis drei Wochen später wachsen aus den Knospen neue Triebe mit meist kleineren Blättern. Kurz vor dem Blattschnitt und während sich die neuen Blätter bilden, sollten keine Düngergaben verabreicht werden.

DICKERE ÄSTE ABSCHNEIDEN

Beim Entfernen dickerer Äste entstehen größere Wunden. Mit den verschiedenen Konkavzangen können wir die Wundverheilung günstig beeinflussen und dafür sorgen, dass sich das Wundgewebe später gut in das Stammbild integriert. Die Kneifbacken der Konkavzangen ergeben keinen geradflächigen Schnitt. Er ist leicht nach innen gewölbt und greift daher etwas stärker in das Holz des Stammes. Das anschließend von den Seiten her die Wunde überwallende Wundgewebe ist etwas dicker als bei normalem Wachstum. Durch die leichte Einwölbung der Wunde ins Holz haben wir mit der Konkavzange genügend Raum für dieses stärkere Wachstum geschaffen. Nach einiger Zeit integriert sich das Wundgewebe ohne Aufwallung in den Ast.
Der richtige Schnitt mit der Konkavzange sollte immer in Richtung der Fließrichtung des Wassers erfolgen. Bei dem senkrecht stehenden Stamm zeigen die Spitzen der beiden Kneifbacken nach oben. Solche Wunden verheilen viel schneller als Wunden die quer zur Fließrichtung des Wassers angelegt sind.

DIE WUNDHEILUNG FÖRDERN

Bäume und Sträucher verfügen über ein überaus großes Regenerationsvermögen. Von einer gesunden Holzpflanze werden Wunden problemlos verheilt, indem die Kambiumzellen des Wundrandes ein spezielles Gewebe hervorbringen, den Wundkallus. Das Kallusgewebe wächst von den Wundrändern her langsam über die Wunde, bis es in der Mitte zusammenstößt. Bei großen Wunden kann dieser Vorgang viele Jahre dauern. Ist die Wundheilung schließlich abgeschlossen, kann man zwar die Narbe noch lange sehen, der Schutz gegen äußere Angriffe durch holzzerstörende Organismen ist aber vollständig wiederhergestellt. Das ist auch wichtig, denn der Holzkörper besteht aus toten Zellen. Bei größeren Wunden ist er äußeren Einflüssen schutzlos ausgeliefert. So kann sich die Wunde durch Eintrocknen von Wundrandzellen vergrößern oder holzzerstörende Krankheitserreger können eindringen.

Um das zu verhindern, sollten alle Schnittstellen, die mehr als bleistiftdick sind, mit einem Wundverschlussmittel abgedeckt werden. Die in Gartencentern erhältlichen Wundpasten bieten zwar einen ausreichend guten Schutz, hinterlassen aber an den Bonsai häufig jahrelang unschöne farbige Reste. Das beste Wundverschlussmittel für Bonsai ist eine spezielle Knetmasse aus Japan. Diese Knetmasse können Sie in jedem gut sortierten Bonsai-Fachgeschäft erwerben.

JAPANISCHE KNETMASSE

Die Masse bleibt relativ lange elastisch und deckt deshalb auch den sich aufwölbenden Wundkallus weiterhin ab. Sobald die Wunde verschlossen ist, trocknet auch die japanische Knetmasse ein und fällt rückstandsfrei ab oder lässt sich vorsichtig abnehmen.

Die Anwendung der japanischen Wundknetmasse ist denkbar einfach. Mit angefeuchteten Fingerspitzen entnimmt man eine geeignete Portion, formt daraus eine kleine Kugel, die dann auf die Wunde gedrückt wird. Die Masse wird nun so weit auseinandergedrückt, bis sie leicht über die Wundränder hinausreicht.

Mit der Konkavzange kann man nicht nur dickere Äste entfernen, sondern auch unschöne Aststümpfe auf die Art und Weise bearbeiten, dass anschließend eine gute Wundverheilung möglich ist.

Von der Seite betrachtet kann man jetzt gut erkennen, dass sich die Wunde nun harmonisch in den Holzkörper eingliedert. Später wird nur noch eine flache Narbe auf die frühere Verletzung des Bonsai-Baumes schließen lassen.

Die braune Verfärbung deutet darauf hin, dass bereits Holz zerstörende Organismen in den Baum eingedrungen sind. Die Faulstelle muss deshalb unbedingt restlos mit der Konkavzange entfernt werden.

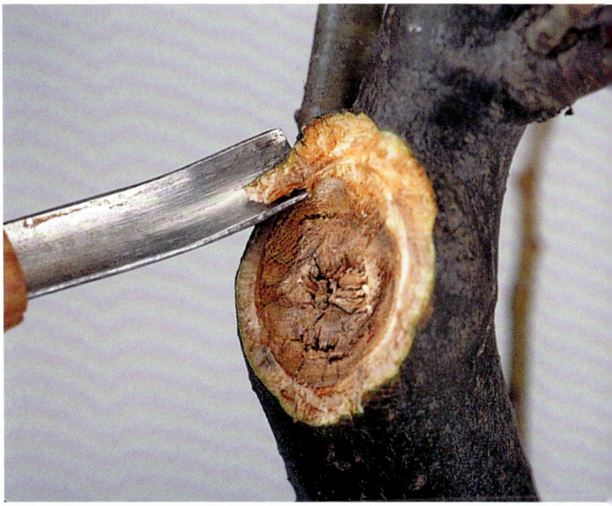

Mit einem scharfen Stechbeitel werden die Wundränder anschließend nachbearbeitet. Feine Holzfasern werden entfernt und die Wundfläche wird in der Form bearbeitet, dass ihr Zentrum etwas tiefer eingegraben im Holzkörper liegt.

Die japanische Wundknetmasse wird sorgfältig auf die Wunde aufgelegt. Mit angefeuchteten Fingerspitzen wird eine kleine Knetmassenkugel mittig auf die Wundfläche gedrückt, so dass sie sich gleichmäßig verteilen kann.

Die Knetmasse muss mit angefeuchteten Fingerkuppen so verteilt werden, dass sie bis über die Wundränder hinausreicht. Unter dieser schützenden Haube kann der Baum nun in Ruhe die Wunden verschließen. Nach der Verheilung fällt die Masse von selbst ab.

NATÜRLICHER SCHUTZ GEGEN HOLZZERSTÖRENDE ORGANISMEN

Manche Baumarten bilden Stoffe, die totes Holz konservieren können. Man erkennt sie an älteren dunklen Jahresringen. Für die Konservierung sind Gerbstoffe verantwortlich. Eichen, Buchen, Kiefern bilden solch ein Kernholz. Birken, Pappeln und Weiden bilden keine konservierenden Gerbstoffe.

BONSAI RICHTIG UMTOPFEN

Baum und Schale bilden eine künstlerische Einheit, die über einen langen Zeitraum erhalten bleiben muss. Der Wurzelschnitt sorgt immer wieder für neuen Wurzelraum.

Sobald die Wurzeln einer Pflanze keinen weiteren Raum für neues Wachstum mehr haben, stellt sie auch ihr oberirdisches Wachstum ein und stirbt schließlich ab. Bei einem Bonsai ist das nicht anders. Durch die Schale ist der Wurzelraum begrenzt. Bei einer normalen Topfpflanze würden Sie durch Umtopfen in den nächstgrößeren Blumentopf für neuen Wurzelraum sorgen. Bei Bonsai hingegen bilden Baum und Schale eine Einheit wie ein Bild mit seinem Rahmen. Entsprechend müssen wir hier auf andere Weise für neuen Wurzelraum sorgen. Das geschieht durch einen Wurzelschnitt.

DER WURZELSCHNITT

Einem gesunden Baum schadet ein mit Augenmaß durchgeführter Wurzelschnitt nicht. Im Gegenteil wirkt der Wurzelschnitt häufig wie eine Verjüngungskur für den Baum. Man sollte aber immer gleichzeitig mit dem Wurzelschnitt auch einen reduzierenden Formschnitt der oberirdischen Baumteile durchführen, um das Gleichgewicht wiederherzustellen.

1. Normalerweise ist der Bonsai mit den durch die Wasserabzugslöcher führenden Bonsai-Drähten in der Schale fixiert. Als Erstes werden diese Fixierungsdrähte mit der Drahtzange durchgekniffen.
2. Häufig hat sich der Wurzelballen eng an die Schalenwände angeschmiegt, wodurch sich der Baum nicht so leicht aus der Schale heben lässt. Mit einem scharfen Messer schneidet man nah an der Schalenwand anhaftende Wurzeln ab. Wird der Bonsai nun vorsichtig aus der Schale gehoben, sieht man den kompakten Wurzelballen.
3. Mit einer Wurzelkralle lockert man vorsichtig den Wurzelfilz. Langsam arbeitet man sich von den Außenkanten des Wurzelballens nach innen. Nach einiger Zeit hängen lange Wurzelbärte herab, die mit einer Bonsai-Schere zurückgeschnitten werden. Je nach Baumart führt man einen mäßigen (ein Drittel der Wurzelmasse wird entfernt) bis starken (etwas mehr als die Hälfte der Wurzelmasse wird entfernt) Wurzelschnitt durch.
4. Mit einem Holzstäbchen arbeitet man den Wurzelhals frei.
5. Jetzt können alle Wurzeln begutachtet werden.
6. Die feinen Wurzeln oberhalb der sternförmig auseinanderstrebenden, dickeren Wurzeln werden abgeschnitten.

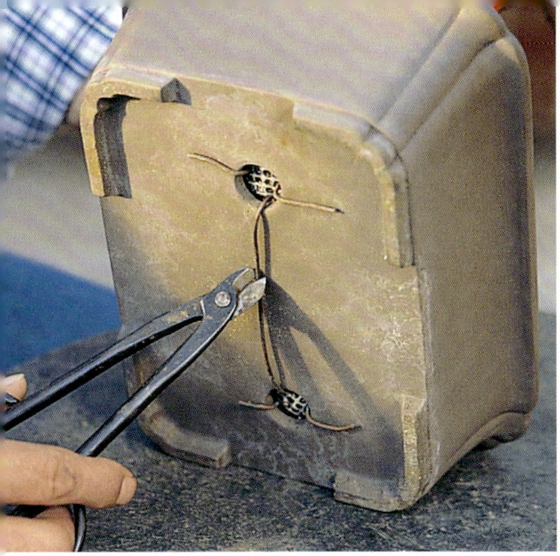

1. Zuerst wird der Fixierdraht durchgekniffen.

2. Der Wurzelballen hatte die Schale ganz ausgefüllt.

3. Jetzt erfolgt das Lockern des Ballens.

4. Weitere Erde wird zwischen den Wurzeln entfernt.

5. Nun liegen alle Wurzeln frei.

6. Ungünstig liegende Wurzeln werden entfernt.

DAS EINTOPFEN

1. Der Bonsai ist nach dem Wurzelschnitt bereit zum Eintopfen. Man kann den Wurzelhals und den reduzierten Wurzelballen gut sehen. Auf die hierbei entstandenen größeren Wunden ist Wundknetmasse auftzutragen.
2. Die Schale wurde gesäubert. Noch vorhandene Reste der alten Pflanzerde wurden entfernt. Auch dem Schalenrand anhaftende Kalkausblühungen, die in Gebieten mit kalkreichem Wasser durch das Gießen entstehen können, sind entfernt worden. Über den Wasserabzugslöchern werden kleine Kunststoffnetze mit Bonsai-Draht befestigt. Damit der Baum mit seinem reduzierten Wurzelballen nach dem Umtopfen einen sicheren Halt in der Schale hat, wird ein Fixierungsdraht von unten durch die Schalenlöcher geführt.
3. Als erstes wird auf dem ganzen Schalenboden eine dünne Schicht grober Erde als Drainageschicht eingefüllt. Darauf kommt ein Hügel aus Bonsai-Erde. Der Hügel sollte so hoch sein, dass von vorne betrachtet der Wurzelhals knapp oberhalb der Schalenkante zu sehen ist.
4. Auf diesen Hügel setzt man den Wurzelballen mit leicht drehenden Bewegungen auf und legt den Fixierungsdraht über den Wurzelballen, dessen Enden fest miteinander verdreht werden. Durch die leicht hin- und herdrehenden Bewegungen arbeitet man auch die Pflanzerde zwischen die unteren Wurzeln. Die Fixierungsdrähte halten den Baum idealerweise in seiner Position und verhindern so, dass die sich neu bildenden Wurzelspitzen bei Wind abgerissen werden.
5. Die trockene Bonsai-Erde wird eingefüllt und mit einem Holzstäbchen zwischen die Wurzeln gestochert. Wichtig ist dabei, dass alle Hohlräume im Wurzelballen mit Erde ausgefüllt sind und alle Wurzeln damit direkten Kontakt zu den Erdteilchen bekommen. Nicht aufgefüllte Hohlräume sind ein Herd für Wurzelfäule. Auch können die Wurzeln nur durch den direkten Kontakt mit den Bodenteilchen das lebensnotwendige Wasser aufnehmen.
6. Zum Schluss wird eine dünne Schicht feiner Deckerde aufgelegt. Die Deckerde sollte keine staubfeinen Teilchen enthalten. Nachdem die Oberfläche glattgestrichen wurde, ist der Bonsai gut anzugießen. Es muss so lange gegossen werden, bis überschüssiges Gießwasser durch die Abzugslöcher ausfließt.

Zum besseren Aussehen und als zusätzlicher Feuchtigkeitsspeicher können flache Moospolster auf die Erdoberfläche aufgelegt werden. Geeignetes Moos findet man an sonnigen Stellen, zum Beispiel auf großen Steinen. Ungeeignet ist hingegen im Wald gesammeltes Moos, weil diese Moosarten nur im feuchten Schatten wachsen können.

SO GEHT ES WEITER

In den nächsten vier Wochen wird der Bonsai wind- und sonnengeschützt aufgestellt und nicht gedüngt. Sobald neues oberirdisches Wachstum erkennbar ist, wird der Bonsai an seinen gewohnten Standort gestellt und kann auch wieder gedüngt werden.

STRESSFREIES WACHSEN

Bei einem in der Natur gesammelten oder in der Baumschule gekauften neu gestalteten Baum wählt man häufig zunächst eine etwas tiefere Schale. So kann man über mehrere Etappen, von Umtopfen zu Umtopfen, nach und nach den Wurzelballen flacher werden lassen. Der Baum wird so weniger gestresst und seine Überlebenschancen erhöht.

1. Für das Eintopfen vorbereiteter Ballen.

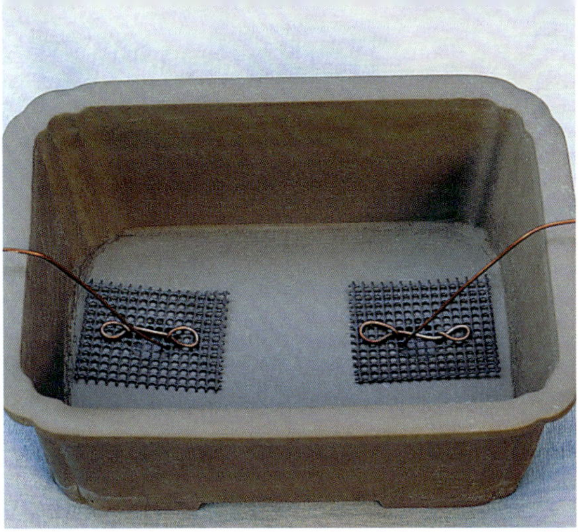

2. Über den Abzugslöchern werden Kunststoffsiebe fixiert.

3. Grobe Erde als Drainageschicht einfüllen.

4. Nun die Fixierungsdrähte über den Ballen legen.

5. Zwischen die Wurzeln wird Erde gestochert.

6. Eine dünne Schicht aus feiner Deckerde wird aufgelegt.

Die Raupen des Kiefernspanners fressen in kurzer Zeit einen ganzen Baum kahl.

Vor allem an den Spitzen junger Triebe findet man die ersten Blattläuse.

In den Wollansammlungen auf den Ästen verbergen sich blattlausartige, saugende Insekten.

Wurzelläuse können den Baum kümmern lassen.

Der Befall mit Rostpilzen zeigt sich an den anfangs meist leuchtend gelben Flecken auf der Blattoberseite, die zunehmend rostbraun werden.

BONSAI GESUND ERHALTEN

Trotz der alltäglichen pflegerischen Maßnahmen kann ein Bonsai, genau wie jedes andere Lebewesen, erkranken. Was nun zu tun ist, erfahren Sie hier.

PFLEGEFEHLER

Die weitaus häufigsten Krankheiten an Bonsai lassen sich auf unsachgemäße Pflege und einen falschen Standort zurückführen. Wird beispielsweise bei einigen Baumarten ein zu sonniger Standort gewählt, kommt es zu Verbrennungen an den Blättern. Ist ein erheblicher Anteil der Blätter verbrannt, wird der Baum durch den Mangel an Fotosyntheseprodukten unter Umständen schwer geschädigt und damit anfällig für Schädlinge.
Ein anderes, weitaus gefährlicheres Problem stellt die Staunässe dar. Immer wenn überschüssiges Gießwasser nicht ungehindert abfließen kann, kommt es zu einer starken Schädigung des Wurzelballens. Je nachdem, wie groß der Anteil an abgestorbenen Wurzeln ist, kann Staunässe zum Absterben des gesamten Bonsai führen.
Düngermangel schädigt den Bonsai zwar, bringt ihn aber nicht um. In den meisten Fällen sind Nährstoffmangelkrankheiten leicht durch Zugabe des entsprechenden Düngers zu beheben.

SCHÄDLINGE AN BONSAI

Angefressene oder sogar skelettierte Blätter sind von Raupen befallen. Ein untrügliches Zeichen sind kleine schwarze Kothäufchen auf darunterliegenden Blättern.
Sägemehl in der Nähe des Stammfußes und kleine Löcher in der Rinde deuten auf den Borkenkäfer hin.
Blattläuse sind kleine grüne oder schwarze, meist flügellose Insekten, die hauptsächlich an jungen Pflanzenteilen Saft saugen. Häufig entdeckt man Blattläuse anhand ihrer zuckerhaltigen Ausscheidungen, die die Blätter mit einem klebrigen Überzug bedecken und auf denen sich schwarze Rußtaupilze ansiedeln. Bei starkem Befall krümmen sich die jungen Pflanzenteile und werden braun.
Wollläuse schützen sich unter einer Kappe aus einem watteartigen Gespinst, während sich Schildläuse unter einem festen Schild verbergen. Die Schäden an den Bonsai-Pflanzen sind ähnlich wie die bei Blattlaus-Befall.
Wurzelläuse befallen vor allem infolge von Staunässe oder Düngermangel geschwächte Pflanzen in Massen.
Die Weiße Fliege findet man an der Unterseite von Blättern. Die kleinen Tiere fliegen bei Berührung des Baumes auf und sehen wie weißer Puder aus. Sowohl die erwachsenen Tiere als auch deren Larven ernähren sich durch Aussaugen der in den Blättern befindlichen Leitungsbahnen. Die Blätter werden frühzeitig gelb und fallen ab.
Sogenannte Gallen sind durch Larven von Gallmücken ausgelöste Neubildungen an Blättern oder Knospen. Die weibliche Gallmücke legt ein Ei in das Blatt oder die Knos-

pe und die schlüpfende Larve sondert ein Hormon ab, dass die Pflanze zwingt, eine Behausung zu schaffen. In dieser lebt die Larve von dem Gewebe und verpuppt sich im Herbst in der Galle. Aus den herabgefallenen Gallen schlüpfen dann im Frühjahr die erwachsenen Tiere und der Kreislauf beginnt erneut. Abhilfe schafft man hier durch Absammeln von befallenen Blättern während der Wachstumszeit.
Die im Herbst herabgefallenen, von Gallwespen befallenen Blätter sammelt man ein und verbrennt sie.
Spinnmilben (auch Rote Spinne genannt) befallen die Blätter des Bonsai. Man findet zunächst weiße bis gelbliche Flecken, später verfärbt sich das ganze Blatt graubraun. Leicht kann man die Rote Spinne mit einem weißen Blatt Papier diagnostizieren. Die kleinen Tierchen, auf das Blatt Papier geschüttelt, sehen wie Paprikapulver aus.

BESEITIGUNG VON SCHÄDLINGEN

Bei der Beseitigung von Schädlingen sollte man immer das richtige Augenmaß haben. Man sollte niemals nur auf den bloßen Verdacht hin zur Giftspritze greifen.
Es steht eine ganze Reihe sogenannter Hausmittel zur Verfügung, die in ihrer Anwendung nicht gefährlich und bei richtigem Gebrauch auch durchaus wirksam sind. Der Einsatz von Pestiziden muss immer dem Fachmann überlassen werden. Schon oft hat die sorglose Anwendung von Pflanzengiften zu nicht unerheblichen Gesundheitsschäden bei Menschen und Haustieren geführt. Sollten sich die Hausmittel als nicht ausreichend wirksam erweisen, suchen Sie das nächste Gartenfachgeschäft oder den nächsten Bonsai-Fachhändler auf und lassen Sie den Bonsai von diesen Fachleuten behandeln. Der Ansatz der Lösungen und deren Einsatz muss streng nach der Gebrauchsanweisung durchgeführt werden.
Größere Tiere, wie zum Beispiel Raupen oder Schnecken, werden einfach abgesammelt. Gegen Läuse, Raupen und Ameisen helfen Pflanzenbrühen.
Pyrethrumpräparate werden aus bestimmten Chrysanthemen gewonnen und wirken gegen alle schädlichen Insekten.
Bei der Anwendung aller Präparate sollte man als Vorsichtsmaßnahme Gummihandschuhe tragen.
In größeren Gartencentern und Gartenfachgeschäften wird eine Reihe von Nützlingen gegen die verschiedensten tierischen Schädlinge angeboten: Marienkäfer, Ohrwürmer und Florfliegen sind sowohl als Jungtiere als auch als erwachsene Tiere ausgesprochen nützlich. Sie beseitigen mit großem Appetit erhebliche Mengen an Blattläusen, aber auch Blattflöhe und Wollläuse werden von ihnen gefressen. Auch die Larven verschiedener Schwebfliegen sind gute Blattlausvernichter. So verzehrt eine einzige Larve in ein bis zwei Wochen bis zu 700 Blattläuse.

PFLANZENBRÜHEN SELBST HERSTELLEN

1. Beißende Brennnesselbrühe: Ein Kilogramm frische Brennnesseln in zehn Litern kaltem Wasser 24 Stunden ziehen lassen. Abgeseiht wird die Brühe gegen Blattläuse eingesetzt.
2. Farnkrautbrühe: Ein Kilogramm frisches Wurm- oder Adlerfarnkraut in zehn Litern kaltem Wasser für 24 Stunden ansetzen. Abgeseiht wirkt die Brühe gegen Schild-, Schmier- und Blutläuse.
3. Wermutbrühe: 30 Gramm trockenes Wermutkraut wird mit zehn Litern Wasser für 24 Stunden angesetzt. Abgeseiht wirkt diese Brühe gegen Läuse, Raupen und Ameisen.

Ein Ahornblatt mit Gallwespenbefall

Spinnmilben erkennt man an den Gespinsten in den Trieben.

PILZERKRANKUNGEN

Der Mehltau befällt gern Eichen- und Buchenblätter. Er bildet einen weißlichen Überzug auf der Ober- oder Unterseite der Blätter.
Rostpilze befallen sowohl Blätter als auch Zweige und bilden mehr oder weniger lange Pusteln, aus denen rostbraune bis schwarze Sporen hervortreten.
Ahornblätter werden häufig von der Teerfleckenkrankheit befallen. Man sieht ein bis zwei Zentimeter große, schwarze Flecken, häufig mit weißen Rändern, auf den Blättern.
Zier-Kirschen haben oft löchrige Blätter, was von der Schrotschusskrankheit hervorgerufen wird. Bräunliche Flecken auf den Blättern trocknen ein und fallen später aus.
Im Frühjahr werden bis Ende Mai manchmal die jungen Blätter von Kiefern braun und fallen ab. Das deutet auf den Befall von Kiefernschütte hin. Bei genauem Hinsehen erkennt man, dass die Blätter am Blattstiel häufig noch grün sind.

MASSNAHMEN GEGEN PILZERKRANKUNGEN

In jedem Gartencenter findet man Präparate auf Kupfer- und Schwefelbasis gegen Pilzerkrankungen. Auch diese Präparate sind, wie alle Pflanzenschutzmittel, streng nach der Gebrauchsvorschrift anzuwenden.
Pilzerkrankungen sind oft Folgeerscheinungen eines Befalls von saugenden Insekten. Deshalb sollte man diese immer gleichzeitig mitbekämpfen.
Eine richtige Düngung und regelmäßige Pflege dienen der Gesundherhaltung des Bonsai und sind die beste Vorbeugung gegen Krankheiten und Schädlinge.

Befall einer Eichenknospe durch die Gallwespe

LAUB- UND NADELGEHÖLZE

— *im Porträt*

GEEIGNETE BAUMARTEN

Mittlerweile hat die Gestaltung von Bonsai auch in Europa eine lange Tradition. Es ist daher folgerichtig, dass auch europäische Baum- und Straucharten zur Gestaltung herangezogen werden.

EUROPÄISCHE KANDIDATEN FÜR BONSAI

Fast jede verholzende Pflanze lässt sich zum Bonsai gestalten. Entsprechend werden neben den traditionellen asiatischen Baumarten seit vielen Jahren auch europäische Baum- und Straucharten mit großem Erfolg gestaltet. Vor allem die für unser Klima typischen Baumarten, wie Eichen, Buchen und Birken, aber auch Kiefern oder Lärchen, lassen sich zu eindrucksvollen Bonsai gestalten.

Als sogenannte Yamadori sind geeignete Kandidaten in der freien Natur zu finden und zu wunderbaren Solitären zu gestalten. Ist man als Bonsai-Liebhaber einmal auf den Geschmack gekommen, geht man mit ganz anderen Augen durch die freie Natur. Auf den nächsten Seiten finden Sie eine Auswahl mitteleuropäischer Baum- und Straucharten, die für Bonsai geeignet sind. Darunter befinden sich auch einige Arten, die selten in der Natur anzutreffen sind, sich aber für eine Bonsai-Gestaltung lohnen. Sicher gibt es noch viel mehr Arten, die zum Bonsai gestaltet werden können, als hier vorgestellt sind.

HINWEISE ZU DEN BESCHREIBUNGEN

Die Auswahl der Arten für dieses Buch ist so erfolgt, dass die allgemeinen Pflege- und Gestaltungshinweise auf ähnliche Arten übertragen werden können. Normalerweise werden zwar die Arten in ihrer Bonsai-Eignung besprochen. Aber von vielen Arten können Sie in Gartencentern und Baumschulen auch sehr gut zu gestaltende Zuchtformen finden. Die wissenschaftlichen Namen der Zuchtformen leiten sich von denen der Arten ab, sind aber durch Zusatznamen erweitert. Bei jeder Artbeschreibung finden Sie neben dem botanischen Namen auch den gebräuchlichen deutschen Namen.

Die Pflegemaßnahmen und Gestaltungsempfehlungen dieser Zuchtformen sind normalerweise wie bei den jeweiligen Arten anzuwenden. Die Pflegezeiträume beziehen sich auf die Klimabedingungen Mitteleuropas. Eine Kurzbeschreibung der Artmerkmale hilft Ihnen, die Pflanze in der freien Natur wiederzufinden.

Die Sortierung der Arten erfolgt – unterteilt in Laub- und Nadelgehölze – nach ihren botanischen Namen.

Der gespaltene Stamm wirkt besonders alt.

Kleiner Wald aus Hänge-Birken

Imposanter Bonsai aus altem Schnittflieder

Auf den Porträtseiten finden Sie neben Hinweisen zur Pflege, Formgebung und Formerhaltung auch Informationen über den richtigen Standort, die über Möglichkeiten der Überwinterung, wann gegossen und gedüngt werden muss, was beim Umtopfen beachtet werden sollte und den günstigsten Zeitraum zum Drahten. Da die Klimabedingungen und die Jahreszeitverläufe in den Regionen Europas variieren, beziehen sich die Angaben auf die Normalbedingungen Mitteleuropas. Entsprechend verzögern sich in kälteren Regionen die Pflegemaßnahmen, während sie in wärmeren Regionen früher durchgeführt werden müssen.

WICHTIGER STANDORT-HINWEIS

Alle hier vorgestellten Arten sind nur als Freiland-Bonsai (für Balkon, Terrasse oder Garten) geeignet. Bei dem Versuch der Pflege im Zimmer werden die Pflanzen früher oder später sterben. Spätestens, wenn der Winter kommt, werden die Bäume im Zimmer schwer geschädigt, da ihnen die Winterruhe vorenthalten wird. Sie können die Bäume in der Wachstumszeit höchstens für zwei bis drei Tage im Zimmer aufstellen. Im Winter ist das gefahrlos nur in einem ungeheizten Raum unter +10 °C möglich.

FELD-AHORN
Acer campestre

Der mittelgroße Baum wird im Laufe der Jahre reich verzweigt, mit rundlicher Krone. Die Borke ist durch Längs- und Querrisse rechteckig gefeldert.

Die Laubblätter des Feld-Ahorns sind gegenständig, 5 bis 8 Zentimeter lang, 5 bis 10 Zentimeter breit und in drei bis fünf Lappen buchtig unterteilt.

STANDORT
Vollsonnig. Im Winter ab –5 °C den Wurzelballen gegen Durchfrieren schützen.

GIESSEN
Der Wurzelballen sollte immer gleichmäßig feucht gehalten werden.

DÜNGEN
Nach dem Austrieb bis zum Beginn der Herbstfärbung alle vier Wochen mit organischem Kugeldünger versorgen. Im Winter nicht düngen!

UMTOPFEN
Alle zwei Jahre im Frühjahr mit einem mäßigen Wurzelschnitt. Eine Erdmischung aus Akadama und Humus 2:1 verwenden.

SCHNEIDEN
Der junge Baum muss durch gezielte Auswahl der Äste mithilfe von Schnittmaßnahmen zur Baumgestalt erzogen werden. Sollen verbleibende Äste und der Stamm noch an Dicke gewinnen, lässt man den Austrieb auf zehn bis zwölf Blattpaare auswachsen und schneidet dann auf ein bis drei Blattpaare zurück. Der nun heranwachsende Neuaustrieb wird pinziert: Man zupft hierbei, sobald sich das erste Blattpaar zu entfalten beginnt, die Triebspitze zwischen dem Blattpaar heraus. Dadurch wird das Längenwachstum des Triebes gebremst. Ansonsten schneidet man vor dem Austrieb im Frühjahr möglichst stark zurück, da beim Feld-Ahorn mit einem relativ großen Zuwachs zu rechnen ist. Müssen dickere Äste entfernt werden, geschieht das entweder Anfang Februar oder im Frühsommer. Der spätere Termin hat den Vorteil, dass die Wunden durch die starken Wachstumsaktivitäten relativ schnell verheilt sind.

DRAHTEN
Da der Feld-Ahorn ein recht hartes Holz ausbildet, sind dickere Äste oder gar der Stamm häufig nicht mehr biegbar und damit durch Draht kaum in ihrer Form korrigierbar. Mit Spanndrähten ist jedoch eine Korrektur möglich. Noch junge Äste und Zweige sind hingegen gut zu drahten. Sobald sich die Rinde der jungen Triebe zu verfärben beginnt, können die Äste gedrahtet werden. Der Draht wird nach etwa einem halben Jahr wieder entfernt, spätestens aber, wenn er in die Rinde einzuwachsen beginnt.

Eine kleine Baumgruppe aus Feld-Ahorn in einer länglich ovalen Schale. Die Gruppe wurde außerhalb der Schalenmitte platziert, um ein natürlicheres Bild zu erzeugen.

ROSSKASTANIE
Aesculus hippocastanum

Wegen der großen Blätter eignet sich die Rosskastanie nur für größere Bonsai. Ihre Fiederblätter aus fünf bis sieben Fiedern laufen in einer Spitze aus.

Der breitkronige Baum mit häufig überhängenden Ästen wird bis zu 25 Meter hoch. Die dunkelgraue Borke blättert in großen Stücken ab. Die Blätter bestehen aus fünf bis sieben Teilblättern – man sagt dazu gefiederte Blätter. Die Blüten sind endständige, aufrecht stehende Blütenrispen von bis zu 30 Zentimeter Länge.

STANDORT
Vollsonnig bis halbschattig, der Bonsai sollte vor Spätfrösten im Vorfrühling geschützt werden. Im Winter ab –5 °C den Wurzelballen gegen Durchfrieren schützen.

GIESSEN
Das Erdreich immer gleichmäßig feucht halten. Nach Möglichkeit mit Regenwasser gießen.

DÜNGEN
Vom Frühsommer an reichen wir für eine gute Blütenbildung und zur Unterstützung der Aushärtung für den Winter einen Phosphor-Kali-betonten Mineraldünger. Im Winter nicht düngen!

UMTOPFEN
Junge Bäume bis etwa zehn Jahre sollten jedes Jahr umgetopft werden. In dieser Zeit wird der Ballen durch den Wurzelschnitt bonsaimäßig erzogen. Reifere Bäume sind alle zwei bis drei Jahre mit einem Wurzelschnitt entweder kurz vor dem Austrieb oder nach der Blüte umzutopfen. Eine Erdmischung aus Akadama und Humus 2:1 verwenden.

SCHNEIDEN
Die Rosskastanie eignet sich wegen der großen Blätter nur für relativ große Bonsai. Vor dem Austrieb entfernt man die großen Spitzenknospen. Aus den kleineren Nebenknospen wachsen normalerweise kürzere Triebe mit kleineren Blättern. Den Austrieb lässt man auf fünf bis sechs Blätter heranwachsen und schneidet dann auf zwei bis drei Blätter zurück. Da die Blätter so groß sind, kann man bei einem gesunden und gut versorgten Baum auch einen Blattschnitt Ende Juni durchführen.

DRAHTEN
Gedrahtet werden noch biegsame Äste im Mai/Juni. Junge Triebe drahtet man, wenn die Rinde sich zu verfärben beginnt. Wegen des Dickenwachstumsschubes im Juni ist darauf zu achten, dass der Draht nicht einzuwachsen beginnt. Sollte der Draht wegen Eindrückens entfernt werden müssen, die beabsichtigte Korrektur aber noch nicht stabil sein, muss neu gedrahtet werden.

Aus Rosskastanien lassen sich nur größere Bonsai gestalten.

SCHWARZ-ERLE
Alnus glutinosa

Die Schwarz-Erle wird in den europäischen Auenwäldern ein bis zu 30 Meter hoher Baum. Sie liebt feuchte Böden und verträgt sogar ab und zu Staunässe.

Der meist einstämmige, locker verzweigte Baum hat einen bis weit in die pyramidale Krone hinaufreichenden, geraden Stamm. Ältere Stämme haben eine dunkelgraue bis schwarze, zerklüftete und längsrissige Borke, die zum Teil weißlich überkrustet ist. Junge Zweige sind olivgrün und fühlen sich klebrig an. Später werden die Triebe dann grünlich braun und glänzend mit zahlreichen gelblich-bräunlichen Lentizellen (Poren, Korkwarzen). Die wechselständigen, verkehrt eiförmigen Blätter sind 4 bis 9 Zentimeter lang und ebenso breit, an der Spitze gestutzt, stumpf oder ausgerandet. Der Blattrand ist gezähnt.

STANDORT

Vollsonnig bis halbschattig, vor allem im Winter vor starken Winden und ab –5 °C den Wurzelballen gegen Durchfrieren schützen.

GIESSEN

Der Wurzelballen sollte immer gleichmäßig feucht gehalten werden. Ballentrockenheit ist auf jeden Fall zu vermeiden. Das Wasser sollte kalkarm bis kalkfrei sein.

DÜNGEN

Normalerweise lebt die Schwarz-Erle mit Wurzelbakterien in Symbiose, die sie mit dem notwendigen Stickstoff versorgen. Daher verwendet man vom Austrieb bis zum Herbst einen stickstoffarmen Dünger. Im Winter nicht düngen!

UMTOPFEN

Alle zwei bis drei Jahre im Frühjahr umtopfen – in Kombination mit einem mäßigen Wurzelschnitt. Eine Erdmischung aus Akadama und Humus 2:1 verwenden.

SCHNEIDEN

Sollen dickere Äste entfernt werden, ist das im späten Frühjahr durchzuführen. Größere Schnittwunden verheilen nach einem Herbstschnitt nur sehr schlecht. Den ersten Austrieb lässt man auf acht bis zehn Blätter heranwachsen und schneidet dann auf zwei bis drei Blätter zurück. Der nachfolgende Austrieb wird bei sechs bis acht Blättern auf ein bis zwei Blätter eingekürzt. Mit ein bis zwei Blattschnitten in der Wachstumszeit erreicht man eine bessere Verzweigung, nicht aber eine Verringerung der Blattgröße.

DRAHTEN

Ältere, biegbare Äste werden kurz vor dem Austrieb gedrahtet. Jüngere Triebe kann man bereits drahten, wenn sie auszuhärten beginnen. Vor allem im Juni und Juli kann der Draht leicht einwachsen.

Eine Schwarz-Erle in frei aufrechter Form. Der Gestalter hat hier erfolgreich die natürliche Wuchsform nachgeahmt.

HÄNGE-BIRKE *Betula pendula*

Die Gemeine Hänge- oder Sand-Birke gehört zu den Erstbesiedlern einer Brachfläche von Mitteleuropa bis hinauf nach Lappland. Ihren Namen erhielt sie wegen ihrer langen Zweige.

Charakteristisch für diesen 10 bis 25 Meter hohen Baum ist die weiße Rinde. An der Basis älterer Bäume finden wir eine schwarz gefurchte, netzig längsrissige Borke. Die 4 bis 7 Zentimeter langen Laubblätter sind rautenförmig, mit lang ausgezogener Spitze und regelmäßig doppelt gesägt. Im Herbst färbt sich das Laub leuchtend hellgelb.

STANDORT

Vollsonnig bis halbschattig, da nur bei ausreichender Sonnenbestrahlung der weiße Stamm entsteht. Im Winter ab –5 °C den Wurzelballen gegen Durchfrieren schützen.

GIESSEN

Der Wasserbedarf ist relativ hoch, weshalb die Erde immer feucht sein sollte. Gleichzeitig sollte überschüssiges Gießwasser gut ablaufen können. Sowohl auf Ballentrockenheit als auch auf Staunässe reagiert die Birke mit Laubabwurf.

DÜNGEN

Mit dem Düngen beginnt man nach dem Laubaustrieb und beendet es im Herbst. Im Winter wird nicht gedüngt!

UMTOPFEN

Wegen des starken Wurzelwachstums sollte spätestens alle zwei Jahre umgetopft werden. Da der Wurzelballen nach dem Wurzelschnitt keine Spätfröste mehr verträgt, erfolgt ein Wurzelschnitt erst unmittelbar vor dem Austrieb. Als Erdmischung ist Akadama und Humus in einem Verhältnis von 2:1 zu verwenden.

SCHNEIDEN

Beim Formschnitt im Frühjahr ist darauf zu achten, dass die Krone nicht zu dicht bleibt. Der Neuaustrieb wird bei zehn bis zwölf Blättern auf zwei bis drei Blätter zurückgeschnitten. Jeder weitere Austrieb wird bei sechs bis acht Blättern auf ein bis zwei Blätter eingekürzt. Wenn die Blätter ausgehärtet sind, kann ein Blattschnitt erfolgen. Die Birke kann sich nur schlecht gegen holzzerstörende Organismen schützen. Daher sollten größere Wunden immer mit einem Wundverschlussmittel abgedeckt werden.

DRAHTEN

Gedrahtet werden kann nach dem Austrieb. Da der Dickenzuwachs recht schnell erfolgen kann, wächst der Draht manchmal schon nach vier Wochen ein. Daher sollte er regelmäßig kontrolliert und bei Bedarf schnell entfernt werden. Im Winter sollte kein Draht mehr an der Birke sein, da das zum Absterben von Trieben führen kann.

Auch in der freien Natur kommt die Hänge-Birke häufig als Doppelstamm vor. Die Birkenpilze, die in der Bonsai-Erde wachsen, helfen dem Baum gesund zu bleiben.

HAINBUCHE
Carpinus betulus

Die Hainbuche ist, anders als ihr Name vermuten lässt, nicht mit den Buchen verwandt. Botanisch gehört sie zu den Birkengewächsen, was man vor allem an den männlichen Blüten erkennen kann.

Der häufig gebogene Stamm dieses bis zu 25 Meter hohen sommergrünen Baumes besteht aus hartem, wenig biegsamem Holz. Die graubraune Borke ist häufig auch im Alter glatt und zeigt ein längs verlaufendes Netzmuster. Die Laubblätter haben eine länglich-elliptische Spreite, sind 5 bis 10 Zentimeter lang, längs der Blattadern gefaltet und doppelt gesägt. Die männlichen Kätzchen entspringen aus den Kurztrieben vorjähriger Zweige.

STANDORT
Halbschattig bis vollsonnig, aber vor allem im Frühjahr vor starkem Wind schützen, da sonst die Blattränder braun werden können. Im Winter ab –5 °C den Wurzelballen gegen Durchfrieren schützen.

GIESSEN
Der Wurzelballen sollte wenigstens mäßig feucht gehalten werden. Wasser mit einem geringen Kalkgehalt ist bevorzugt zu verwenden, da ein hoher Salzgehalt im Boden nicht gut vertragen wird.

DÜNGEN
Nach dem Austrieb beginnen wir den Baum mit organischem Kugeldünger zu versorgen. Ab Anfang September und im Winter sollte nicht gedüngt werden!

UMTOPFEN
Die Hainbuche verträgt einen kräftigen Wurzelschnitt recht gut, der alle zwei bis drei Jahre vor dem Austrieb erfolgen sollte. Eine Erdmischung aus Akadama und Humus 2:1 verwenden!

SCHNEIDEN
Für die Gestaltung nicht notwendige, dickere Äste werden im späten Frühjahr entfernt. Vor dem Austrieb werden auch alle überlangen Triebe zurückgeschnitten. Sehr große Spitzenknospen können im zeitigen Frühjahr herausgebrochen werden. Dadurch werden nachfolgende Nebenknospen in ihrem Wachstum gefördert. Den Frühjahrsaustrieb lässt man auf acht bis zehn Blätter wachsen und kürzt dann auf zwei bis drei Blätter ein. Soll ein Ast schneller dick werden, lässt man die daran befindlichen Triebe länger wachsen und schneidet dann stark zurück. Jeder weitere Neuaustrieb wird bei fünf bis sechs Blättern auf zwei Blätter zurückgenommen.

DRAHTEN
Bis zu zweijährige Zweige lassen sich meist noch gut mit Draht formen. Ältere Triebe kann man zwar auch noch drahten, der Draht wächst jedoch vor allem im Sommer schnell ein und muss dann entfernt werden.

Die Hainbuche wächst in der Natur häufig als Mehrfachstamm. Ungewöhnlich, aber gelungen gestaltet, ist bei diesem Bonsai auch der Wurzelansatz.

KORNELKIRSCHE
Cornus mas

Der sparrig verzweigte, 3 bis 6 Meter hohe Strauch mit überhängenden Zweigen und graubrauner, schuppig abblätternder Borke lässt sich gut zu einem kleinen Bonsai gestalten.

Die mit 5 bis 10 Zentimeter recht langen, keilförmig geformten, mit bogig aufsteigenden Seitenadern versehenen Blätter lassen sich in der Bonsai-Kultur recht gut verkleinern. Die runden Blütenknospen werden bereits im Spätsommer an den Spitzen von Seitentrieben gebildet. Aus jeder Knospe entfalten sich im zeitigen Frühjahr – meist an den Kurztrieben aus dem Vorjahr – gelbe Blüten in kugeligen Dolden. Hieraus entwickeln sich 2 cm lange, rote Früchte.

STANDORT
Vollsonnig bis halbschattig, im Hochsommer vor praller Sonneneinstrahlung schützen. Im Winter ab –5 °C den Wurzelballen gegen Durchfrieren und die oberirdischen Teile vor kalten Winden schützen.

GIESSEN
Die Erde sollte immer gleichmäßig feucht gehalten werden. Sowohl Ballentrockenheit als auch Staunässe werden von der Kornelkirsche schlecht vertragen. Nach Möglichkeit mit Regenwasser gießen.

DÜNGEN
Nach der Blüte gibt man organischen Kugeldünger. Vom Frühsommer an reichen wir einen Phosphor-Kali-betonten Mineraldünger. Im Winter nicht düngen!

UMTOPFEN
Alle zwei Jahre mit einem Wurzelschnitt nach der Blüte. Eine Erdmischung aus Akadama und Humus 2:1 verwenden.

SCHNEIDEN
Nach der Blüte wird die Form überarbeitet. Alle überlangen Triebe werden auf wenige Augen zurückgeschnitten. Nun können auch dickere Äste, die die Form stören, entfernt werden. Der Austrieb sollte auf sechs bis acht Blätter heranwachsen und dann auf zwei bis drei Blätter zurückgeschnitten werden. Der nachfolgende Neuaustrieb sollte bei reifen Bonsai, mit Rücksicht auf die Blütenknospenbildung, unbeschnitten bleiben. Bei Bonsai in der Erziehungsphase können auch diese Triebe auf zwei bis drei Blätter zurückgeschnitten werden.

DRAHTEN
Noch junge Triebe lassen sich gut mit Draht formen, sobald sie auszuhärten beginnen. Der botanische Gattungsname leitet sich vom lateinischen Begriff für Horn (cornu) ab, da das Holz der Kornelkirsche so hart und unbiegsam wie Horn ist. Dickere Äste können nicht mehr so leicht mit Draht in der Form korrigiert werden. Man bringst sie daher am besten mit Spanndrähten in Form.

Die Kornelkirsche gehört zu den Bäumen, die bereits im zeitigen Frühjahr ihre Blüten erscheinen lassen. Die Blütenknospen wurden bereits im Spätsommer des Vorjahres angelegt.

ROT-BUCHE *Fagus sylvatica*

Die Rot-Buche ist ein bis zu 30 Meter hoher Baum mit silbergrauer, glatter Borke und starken, überhängenden Ästen. Die Endknospen der Triebe laufen spitz zu.

Die Laubblätter sitzen an recht kurzen Stielen, sind 5 bis 10 Zentimeter lang, fast oval und am Rand charakteristisch gewellt. Die weiblichen und männlichen Blüten erscheinen zusammen mit den ersten Blättern. Bald entwickeln sich in holzigen Fruchtbechern die kantigen Bucheckern.

STANDORT

Vollsonnig bis halbschattig. Während des Austriebs, solange die lindgrünen Blätter noch nicht dunkelgrün geworden sind, sollte der Baum windgeschützt stehen. Die Blätter könnten sonst braune Ränder bekommen. Im Winter ab –5 °C sind Wurzelballen gegen Durchfrieren und oberirdischen Teile vor kalten Winden und Spätfrösten zu schützen!

GIESSEN

Die Buche reagiert sehr empfindlich auf Ballentrockenheit und Staunässe. Entsprechend sollte die Erde gleichmäßig feucht gehalten werden. Nach Möglichkeit mit Regenwasser bzw. kalkarmem Wasser gießen.

DÜNGEN

Der Dünger sollte einen ausreichenden Kaliumanteil haben, z. B. organischer Kugeldünger. Mit ihm wird vom Austrieb bis zum Herbst regelmäßig gedüngt.

UMTOPFEN

Alle zwei Jahre kurz vor dem Austrieb mit einem mäßigen Wurzelschnitt in eine Mischung aus Akadama und Humus 2:1 umtopfen. Auf gute Drainage achten.

SCHNEIDEN

Erst kurz vor dem Austrieb fallen die im Herbst braun gewordenen Blätter ab. Nun kann die Form überarbeitet werden. Nach Möglichkeit lässt man oberhalb der Knospe, auf die man den Trieb zurückgesetzt hat, ein 1 Zentimeter langes Zweigstück stehen. Übergroße Spitzenknospen werden ebenfalls entfernt. Neue Triebe werden bei sechs bis acht Blättern auf zwei bis drei Blätter zurückgeschnitten. Nachfolgende Zweittriebe eignen sich nicht für die Gestaltung.

DRAHTEN

Beim Drahten sehr vorsichtig vorgehen, da die Rinde leicht verletzt werden kann. Einjährige Triebe lassen sich gut mit Draht formen. Wegen des harten Holzes muss man dickere Äste oder den Stamm sehr vorsichtig biegen. Wegen des im Juni verstärkten Dickenwachstums wächst der Draht besonders schnell ein und muss dann eventuell entfernt werden. Eingewachsener Draht hinterlässt unschöne Narben in der Rinde, die niemals ganz verschwinden.

Diese Rot-Buche hat einen elegant geschwungenen Stamm, aus dessen Biegungen sich die Äste in den Luftraum erstrecken. Die dichten Astpolster sind durch frühzeitiges Schneiden der jungen Triebe herausgearbeitet worden.

WILD-APFEL
Malus sylvestris

Der Wild-Apfel ist eine der bedeutendsten Ausgangsformen für den Kultur-Apfel *(Malus domestica)*. Wahrscheinlich begann die Kultur des Apfels in Mitteleuropa bereits in der Jüngeren Steinzeit.

Der Wild- oder auch Holz-Apfel ist ein kleiner Baum von bis zu 10 Meter Höhe mit weit abstehenden Ästen und graubrauner, längsrissig geschuppter Borke. Junge Zweige sind zunächst hell-filzig behaart, olivgrün bis rötlich, bald aber verkahlend und graubraun. Im April und Mai erscheinen aus jeder Blütenknospe mehrere weiße oder rosafarbene Blüten. Bis zum Herbst sind die 3 cm großen rötlich gefärbten, sauer schmeckenden Äpfel reif.

STANDORT

Vollsonnig bis halbschattig. Im Winter ab –5 °C den Wurzelballen gegen Durchfrieren schützen. Da sich die Blüten gemeinsam mit den Blättern frühzeitig im Frühjahr entfalten, muss der Baum gegen Spätfröste geschützt werden.

GIESSEN

Der Apfelbaum liebt einen luftfeuchten Standort und sollte daher gut gewässert und an trockenen Hochsommertagen auch übersprüht werden. Bei Wassermangel und Staunässe lässt er die Triebspitzen hängen und wirft Blüten oder Früchte ab.

DÜNGEN

Nach der Blüte bis Mitte August ist regelmäßig Kugeldünger zu geben.

UMTOPFEN

Alle zwei bis drei Jahre mit einem Wurzelschnitt nach der Blüte. Eine Erdmischung aus Akadama und Humus 2:1 verwenden. Auf eine gute Drainageschicht achten.

SCHNEIDEN

Mit beginnendem Austrieb im Frühjahr werden dickere, die Form störende Äste entfernt. Auf solche größeren Schnittstellen sollte zur besseren Heilung ein Wundverschlussmittel aufgetragen werden. Sind Blüten gewünscht, lässt man Triebe auf fünf bis sechs Blätter wachsen und zupft dann die Triebspitze heraus. Meist bilden sich nun Blütenknospen tragende Nebentriebe. Die mit der Blüte erscheinenden jungen Triebe lässt man in der Aufbauphase auf sechs bis acht Blätter heranwachsen und schneidet dann auf zwei bis drei Blätter zurück. Um den Baum nicht zu schwächen, reduziert man die Fruchtansätze an dem Bonsai auf wenige.

DRAHTEN

Einjährige Triebe lassen sich noch gut mit Draht formen. Vor allem ältere, dickere Zweige werden spröde und können bei stärkeren Biegeversuchen leicht brechen. Hier sind Spanndrähte eine gute Alternative, um die Form zu beeinflussen.

Das Frühjahr ist die große Zeit des Apfelbaumes. In verschwenderischer Fülle erfreuen uns seine Blüten mit ihrer Farbe und ihrem Duft.

SCHWARZ-PAPPEL
Populus nigra

Der breitkronige, schnellwüchsige Baum mit dicker, tiefrissiger, dunkler, längs gestreifter Borke kommt in Auenwäldern der großen Flussniederungen zusammen mit Weiden und anderen Pappelarten vor.

Die jungen Pappel-Zweige sind glänzend gelbbraun. Die Laubblätter sind rautenförmig bis dreieckig, 5 bis 8 Zentimeter lang und haben einen relativ langen Blattstiel. Die kätzchenförmigen Blüten der männlichen und weiblichen Bäume erscheinen im März/April. Während weibliche Blüten gestreckt sind, hängen die männlichen herab.

STANDORT
Vollsonnig, lediglich im Hochsommer bei praller Sonne leicht schattieren, da sonst die Erde zu schnell austrocknet. Im Winter sollte der Wurzelballen vor dem Durchfrieren geschützt werden. Außerdem ist jetzt ein Schutz vor trockenen Winden erforderlich.

GIESSEN
Der Wasserbedarf der Pappel ist sehr hoch. Teilweise muss zweimal täglich gewässert werden, um die notwendige gleichmäßige Erdfeuchtigkeit zu gewährleisten.

DÜNGEN
Da der Nährstoffbedarf recht hoch ist, wird der Bonsai von Mitte Mai bis Mitte August regelmäßig mit organischem Kugeldünger versorgt. Noch vorhandene Düngereste werden, wegen des darin enthaltenen Stickstoffs, im August entfernt, um ein Austreiben in milden Wintern zu vermeiden.

UMTOPFEN
Alle zwei Jahre mit einem kräftigen Wurzelschnitt im zeitigen Frühjahr oder im Herbst in eine Erdmischung aus Akadama und Humus 2:1 umtopfen.

SCHNEIDEN
Vom späten Frühjahr bis kurz vor dem Austrieb können dickere Äste entfernt werden. Eine sofortige Versorgung der Wunden mit einem Wundverschlussmittel ist wichtig, da die Pappel ihr Holz selbst nur schlecht schützen kann. Das Entfernen von dickeren Ästen im Sommer oder Herbst kann zum Absterben ganzer benachbarter Astpartien führen. Während der ganzen Wachstumszeit werden die neuen Triebe bei sechs bis acht Blättern auf zwei bis drei Blätter zurückgeschnitten. Mit einem Blattschnitt im Frühsommer kann der Baum zu einem weiteren Austrieb mit kleineren Blättern und kürzeren Blattstielen angeregt werden.

DRAHTEN
Vom Spätherbst bis zum späten Frühjahr können alle Baumteile gedrahtet werden. Da die Pappel recht schnell an Dicke zunimmt, wächst der Draht sehr leicht ein. Der gedrahtete Baum sollte aufmerksam beobachtet werden. Sobald der Draht einzudrücken beginnt, ist er zu entfernen.

Nur selten findet man eine so natürlich gestaltete Schwarz-Pappel als Bonsai. Ganz selbstverständlich entwickeln sich die Äste aus dem Stamm.

HOLZ-BIRNE
Pyrus pyraster

Die Holz-Birne gilt als ein Stammvater unserer Kultur-Birnen. Die Wildform kommt verstreut in allen Regionen Mitteleuropas vor, wird aber leider nur selten zum Bonsai gestaltet.

Die Holz-Birne kann bis zu 20 Meter hoch werden. Ihre Borke ist grau und klein-schuppig gefeldert. Die Blätter sind relativ klein, am Blattstiel abgerundet, am Ende zugespitzt und fein gesägt. An belaubten Kurztrieben erscheinen im April/Mai die weißlichen Blüten, aus denen bis zum Herbst 1,5 bis 3,5 cm lange und ebenso breite, wenig schmackhafte Früchte entstehen.

STANDORT

Vollsonniger bis halbschattiger, luftiger Standort. Im Winter sollte der Wurzelballen gegen Durchfrieren geschützt werden. Nach einem milden Winter frühzeitig erscheinende Blüten müssen gegen Spätfröste geschützt werden.

GIESSEN

Eine gleichmäßige Bodenfeuchtigkeit bietet die günstigsten Wachstumsbedingungen, wobei aber kurzzeitige Trockenheit auch vertragen wird. Staunässe und völlige Ballentrockenheit sind zu vermeiden.

DÜNGEN

Wie alle fruchtenden Arten hat auch die Holz-Birne einen relativ hohen Nährstoffbedarf. Nach der Blüte bis Mitte August wird regelmäßig organischer Kugeldünger gereicht. Im Winter nicht düngen!

UMTOPFEN

Alle zwei bis fünf Jahre mit einem Wurzelschnitt im späteren Frühjahr oder nach der Blüte. Eine Erdmischung aus Akadama und Humus 2:1 verwenden.

SCHNEIDEN

Nach der Blüte bis Mitte Juni können dickere Äste entfernt werden. Bei guter Wundversorgung schließen sich die Wunden relativ schnell. Junge Triebe lässt man auf acht bis zehn Blätter wachsen und schneidet dann auf zwei bis drei Blätter zurück. Die Folgetriebe werden bereits bei fünf bis sechs Blättern eingekürzt. An den entstehenden Nebentrieben bilden sich bevorzugt Blütenknospen, die gut an ihrer runden Form zu erkennen sind.

DRAHTEN

Da das Holz der Holz-Birne verhältnismäßig langsam wächst und daher auch sehr hart ist, kann man mehr als dreijährige Triebe meist nicht mehr gefahrlos drahten. Hier sollte man für die Formkorrektur auf Spanndrähte ausweichen. Junge Zweige sind olivgrün bis graubraun und glatt. Sie können gedrahtet werden, sobald sie dunkler werden und damit auszuhärten beginnen. Der Draht kann hier problemlos vom Frühjahr bis zum Herbst angelegt bleiben.

Diese alte Holz-Birne hat eine besonders eindrucksvolle Erscheinung. Der dicke Stamm trägt eine ausgewogen gestaltete Krone mit vielen Blüten.

STIEL-EICHE
Quercus robur

Die Stiel-Eiche wird in der freien Natur ein mehr als 800 Jahre alter, mächtiger Baum mit breiter Krone und einer dicken, tief gefurchten, dunkelgrauen Borke.

Junge Zweige sind riefig gefurcht, mit kleinen Korkwarzen. Die Laubblätter sind ledrig dunkelgrün und haben an beiden Seiten fünf bis sechs rundliche Buchten.

STANDORT

Vollsonnig, da an schattigen, feuchten Standorten die Blätter schnell von Mehltau befallen werden. Im Winter muss der Wurzelballen vor dem Durchfrieren geschützt werden, da er sehr empfindlich auf Frost reagiert.

GIESSEN

Für einen gleichmäßig feuchten, aber nicht zu nassen Wurzelballen das ganze Jahr über sorgen. Die Blätter sollten vor allem im Hochsommer nicht feucht werden, da sich sonst, vor allem an Blättern des Zweitaustriebs, leicht Mehltau bildet.

DÜNGEN

Große Düngemengen führen zu großen Blättern. Man gibt daher von Mai bis Mitte August nur sparsam organischen Kugeldünger. Im Winter nicht düngen!

UMTOPFEN

Alle zwei bis drei Jahre mit einem Wurzelschnitt im zeitigen Frühjahr oder im Herbst, wobei auf jeden Fall eventuell vorhandene dicke, nach unten gerichtete Wurzeln entfernt werden müssen. Eine Erdmischung aus Akadama und Humus 4:1 verwenden. Wichtig ist, eine gute Drainageschicht einzusetzen.

SCHNEIDEN

Dickere Äste können im zeitigen Frühjahr entfernt werden. Hierbei ist darauf zu achten, dass die Wunden gut mit einem Wundverschlussmittel abgedeckt werden. Junge Triebe lässt man bis auf sechs bis acht Blätter durchtreiben und kürzt sie dann auf zwei bis drei Blätter ein. Ein Blattschnitt ist alle zwei bis drei Jahre Ende Juni möglich. Grundsätzlich sollte ein Laubschnitt nicht jährlich durchgeführt werden, da er die Bäume nur unnötig schwächt.

DRAHTEN

Nach dem Laubfall im Herbst können alle Baumteile gedrahtet werden. Normalerweise sollte der Draht etwa zwei Jahre an dem betreffenden Baumteil verbleiben. Sollte der Draht sich vorher eindrücken, wird er entfernt und der Baumteil, falls die Korrektur noch nicht stabil ist, erneut eingedrahtet. Da dickere Äste häufig nur schwer zu biegen sind, ist die Verwendung von Spanndrähten eine gute Alternative zum normalen Drahten.

Die einzelnen Stämme dieser Miniatur-Eiche entwickeln sich, wie es für einen Mehrfachstamm typisch ist, aus einem gemeinsamen Wurzelbereich.

SILBER-WEIDE
Salix alba

Die Silber-Weide ist ein ausladend-breitkroniger Baum mit grauer, tiefrissiger Borke. Die Silber-Weide bildet in der freien Natur mit anderen Weidenarten häufig Bastarde.

Die jungen, sehr biegsamen Triebe haben eine glänzend gelbbraune Färbung. Die schmal-lanzettlichen Laubblätter sind mit kleinen Drüsen besetzt und am Rand gesägt. Bei den Weiden gibt es weibliche und männliche Bäume mit grünlichen bzw. gelben Kätzchenblüten.

STANDORT
Vollsonnig. Im Hochsommer ist an heißen Tagen ein schattigerer Standort hilfreich, da die Wasserverdunstung hoch ist und der Wurzelballen nicht trocken werden sollte. Im Winter muss der Wurzelballen vor dem Durchfrieren geschützt werden.

GIESSEN
Weiden lieben einen Boden mit gleichmäßiger Feuchtigkeit, sodass im Hochsommer vielleicht sogar zweimal täglich gegossen werden muss. Ballentrockenheit wird nur schlecht vertragen.

DÜNGEN
Von Mitte Mai bis Ende August wird regelmäßig organischer Kugeldünger auf den Boden gelegt. Im Herbst sollten noch vorhandene Düngerreste entfernt werden. Die Düngerreste kompostieren sonst und setzen weiterhin Nährstoffe frei. Im Winter sollte nicht gedüngen werden.

UMTOPFEN
Bis zu zehn Jahre alte Bäume werden jedes Jahr, ältere Bäume alle zwei Jahre mit einem kräftigen Wurzelschnitt umgetopft – am besten im zeitigen Frühjahr. Man verwendet eine Erdmischung aus Akadama und Humus im Verhältnis 2:1.

SCHNEIDEN
Entfernt man im zeitigen Frühjahr dickere Äste, werden die Wunden gut mit einem Wundverschlussmittel abgedeckt. Da die Weide zu den Weichhölzern gehört, entsteht hier sonst eine Eintrittsstelle für holzzerstörende Organismen. Man lässt den Austrieb auf acht bis zehn Blätter heranwachsen und kürzt ihn dann auf zwei bis drei Blätter ein. Bei der Gestaltung einer Kopfweide schneidet man den Stamm auf etwa die Hälfte der gewünschten Endhöhe zurück. Die aus den Wundrändern wachsenden Triebe lässt man auf zehn bis zwölf Blätter heranwachsen und schneidet dann auf drei bis vier Blätter zurück. Alle vier bis fünf Jahre werden alle Äste am Ansatz entfernt. Nach und nach entsteht so der typische „Kopf" durch das Wundgewebe.

DRAHTEN
Gedrahtet wird im zeitigen Frühjahr. Der Draht wächst recht schnell ein.

Ein typisches Merkmal der Silber-Weide sind die häufig weit überhängenden Äste und Zweige. Wegen des schnellen Wuchses müssen die Triebe immer wieder mit Draht in ihrer Form korrigiert werden.

WINTER-LINDE
Tilia cordata

In zahlreichen deutschen Regionen findet man Linden als Alleebäume oder im Ortsmittelpunkt. Im süddeutschen Raum gibt es in vielen Gemeinden auch die besonders gestalteten Tanz-Linden.

Der große Baum bildet mit seinen kräftigen Ästen und der sehr feinen Verzweigung eine dichte und ausladende Krone aus. Ältere Stämme haben eine längs gefurchte, dicht gerippte, schwärzlich-graue Borke. Die relativ kleinen, schief herzförmigen, gleichmäßig gesägten Blätter laufen in eine feine Spitze aus. Im Juni/Juli entwickeln sich die duftenden Blüten. Die einzelnen Blütenstände bestehen aus vier bis zehn Blüten, was dem Bonsai eine zusätzliche Attraktivität gibt.

STANDORT
Vollsonnig bis halbschattig. Im Winter müssen ab −5 °C der Wurzelballen vor dem Durchfrieren und die oberirdischen Baumteile vor Wind geschützt werden.

GIESSEN
Wann immer möglich, sollte mit sauberem Regenwasser gegossen werden, da die Linden bei höheren Salzkonzentrationen im Wasser braune Blätter bekommen. Staunässe und Ballentrockenheit sind zu vermeiden.

DÜNGEN
Vom Austrieb bis Anfang August mit organischem Kugeldünger düngen. Im August unterstützt eine kalibetonte, stickstoffarme Düngung eine bessere Frostaushärtung. Im Winter nicht düngen!

UMTOPFEN
Alle zwei bis drei Jahre im späteren Frühjahr oder kurz vor dem Austrieb erfolgt vor dem Umtopfen in eine Erdmischung aus Akadama und Humus im Verhältnis von 3:2 ein Wurzelschnitt.

SCHNEIDEN
Linden neigen zu Stockausschlägen im Bereich des Wurzelhalses. Solche Triebe sollten bereits im Entstehen entfernt werden. Dickere Äste können während des Austriebs oder im Hochsommer entfernt werden. Die Wunden sollten mit einem Wundverschlussmittel versorgt werden. Junge Triebe lässt man auf sechs bis acht Blätter heranwachsen und schneidet dann auf zwei bis drei Blätter zurück. Schon nach wenigen Wochen erfolgt nach jedem Rückschnitt ein erneuter Austrieb, der ebenso behandelt wird. Die grünen bis rötlichen Schuppen der großen Endknospen bilden im Winter einen schönen Kontrast zu der graubraunen Rinde.

DRAHTEN
Man kann kurz vor dem Austrieb alle Baumteile gut mit Draht formen. Vor allem im Hochsommer wächst der Draht schnell ein und muss dann entfernt werden. In diesem Fall können Spanndrähte eine sinnvolle Alternative sein.

Die Winter-Linde bildet in freiem Stand häufig eine weit ausladende Krone aus. Bei diesem Bonsai ist der kräftige Stamm besonders gut gelungen.

FELD-ULME
Ulmus carpinifolia

Der reich verzweigte, bis 40 Meter hohe Baum hat eine graubraune, dicke Borke. Die Blätter sind oberseits dunkelgrün, auf der Blattunterseite heller und mit bräunlichen Achselbärten versehen.

Für alle Ulmen ist typisch, dass sie sich in der Natur durch Wurzelsprosse ungeschlechtlich vermehren und dadurch stark ausbreiten können. Beim Sammeln in der Natur kann sich so manch ein potenzieller Bonsai-Kandidat als Irrtum erweisen, da er noch mit der Mutterpflanze fest verbunden ist.

STANDORT
Vollsonnig, da die Feld-Ulme zu den lichthungrigen Bäumen gehört. Der Wurzelballen sollte ab −5 °C gegen Durchfrieren geschützt werden. Nur bei zu erwartenden strengeren Frösten sollte man die oberirdischen Teile zusätzlich schützen.

GIESSEN
Im Prinzip ist eine gleichmäßige Bodenfeuchtigkeit anzustreben, wobei eine kurzzeitige Trockenheit aber auch nicht übelgenommen wird. Staunässe und völlige Ballentrockenheit sind zu vermeiden und führen zum Absterben des ganzen Baumes.

DÜNGEN
Der Nährstoffbedarf ist relativ hoch. Vom Austrieb bis Mitte August sollte der Baum regelmäßig mit organischem Kugeldünger versorgt werden. Ausgelaugte Düngerreste sollten regelmäßig entfernt werden. Zur besseren Aushärtung für den Winter kann Ende August eine kalibetonte Düngung angeschlossen werden. Im Winter nicht düngen!

UMTOPFEN
Alle zwei Jahre mit einem Wurzelschnitt im späteren Frühjahr oder kurz vor dem Austrieb umtopfen. Diesen erkennt man an dem Anschwellen der Knospen. Eine Erdmischung aus Akadama und Humus 2:1 verwenden.

SCHNEIDEN
Dickere Äste werden im Frühjahr vor dem Austrieb entfernt und anschließend die Wunden gut versorgt. Junge Triebe lässt man auf zehn bis zwölf Blätter heranwachsen und schneidet dann auf zwei bis drei Blätter zurück. Der Folgeaustrieb wird bereits bei sechs bis acht Blättern eingekürzt.

DRAHTEN
Durch einwachsenden Draht entstandene Narben sind häufig noch viele Jahre zu sehen. Deshalb sollten eingedrahtete Baumteile immer gut beobachtet werden und der Draht bei den ersten Anzeichen für ein Einwachsen entfernt werden. Ansonsten lassen sich Bäume, deren Äste bereits die richtige Stellung haben, allein durch den Schnitt gut formen.

Die Feld-Ulme gehört zu den elegantesten Bäumen unserer Region. Über einem kräftigen Stamm erhebt sich bei diesem Bonsai eine reich verzweigte Krone.

GEMEINER WACHOLDER *Juniperus communis*

Der Gemeine Wacholder hat eine große ökologische Bandbreite und kommt daher an den verschiedensten Standorten vor. Unter anderem ist er ein typisches Gewächs der Heidelandschaften.

Der Stamm ist meist recht niedrig und nur bis 30 Zentimeter dick. Die Borke ist grau- bis rotbraun, längsstreifig und löst sich in kleinen, papierartigen Fetzen ab. Die Blätter sind nadelförmig stachelspitz und stehen zu dritt beieinander. Beim Wacholder gibt es weibliche Bäume mit grünen Blüten und männliche Bäume mit gelben Pollenblüten.

STANDORT

Vollsonnig, da Äste, die unter Lichtmangel leiden, schnell absterben und abgeworfen werden. Im Winter ab –5 °C den Wurzelballen gegen Durchfrieren schützen. Ansonsten ist der Gemeine Wacholder sehr winterhart.

GIESSEN

Wacholder verträgt zwar auch einmal eine kurzzeitige Trockenperiode, gedeiht aber am besten, wenn der Ballen gleichmäßig feucht gehalten wird. Staunässe mag er nicht und lässt dann schnell ganze Bereiche absterben.

DÜNGEN

Mit dem Austrieb beginnt das Düngen mit einem organischen Kugeldünger. Ab Mitte August wird kein Dünger mehr verabreicht, da der Baum sonst schlecht für den Winter aushärtet.

UMTOPFEN

Alle zwei Jahre sollte der Bonsai mit einem Wurzelschnitt im zeitigen Frühjahr, spätestens aber mit Beginn des Austriebs, umgetopft werden. Eine Erdmischung aus Akadama und Humus 2:1 verwenden und auf eine gute Drainageschicht achten!

SCHNEIDEN

Das Gestaltungsziel, dichte Laubpolster auf gut geformten Ästen zu bekommen, erreicht man, indem man mit einer feinen Schere den Neuaustrieb bei 2 bis 3 Zentimeter Länge auf ein Drittel einkürzt, wobei keine Nadeln angeschnitten werden sollten. Soll der Ast noch an Dicke gewinnen, lässt man einen Spitzentrieb länger auswachsen. Im Sommer wird der Trieb dann stark zurückgeschnitten. Müssen dickere, die Form störende Äste entfernt werden, ist die Wundheilung bei einem Rückschnitt im Frühjahr am besten. Auf jeden Fall ein Wundheilungsmittel auftragen!

DRAHTEN

Alle Baumteile können mit Draht geformt werden. Im Frühsommer eingedrahtete dickere Äste lassen sich gut in Form bringen. Junge Triebe sollten zum Drahten etwa zweijährig sein. Narben von eingedrücktem Draht verheilen nach einiger Zeit recht gut.

Ein ausgesprochen imposant gestalteter Wacholder in Kaskadenform. Die weiten entrindeten Stammbereiche vermitteln den über Jahrzehnte währenden Kampf des Baumes mit den Naturgewalten.

EUROPÄISCHE LÄRCHE
Larix decidua

Die Europäische Lärche wird bis zu 50 Meter hoch, hat zunächst eine ebenmäßig kegelförmige, später eine abgeflacht lichte Krone. Die tief gefurchte Schuppenborke ist bis zu 10 Zentimeter dick.

Charakteristisch für Lärchen sind die nadelförmigen, weichen und abgeflachten Blätter, die im Austrieb hellgrün sind und später nachdunkeln. Im Oktober werden die Nadeln leuchtend goldgelb und fallen schließlich ab. Zapfen tragende Zweige werden nach einigen Jahren gemeinsam mit den Zapfen abgeworfen. Bei der Gestaltung zum Bonsai sollte dieses Phänomen miteinbezogen werden: Manchmal kann man den Zweig retten, wenn die Zapfen sehr früh entfernt werden.

STANDORT
Vollsonnig, da bei Lichtmangel gerade im Frühjahr die Nadeln zu lang werden. Im Winter ab –5 °C den Wurzelballen gegen Durchfrieren schützen.

GIESSEN
Die Lärche sollte das ganze Jahr über eine gleichmäßige Ballenfeuchtigkeit haben. Staunässe sollte vermieden werden.

DÜNGEN
Der Dünger sollte nicht allzu stickstoffreich sein, da sonst die Nadeln zu lang und das Längenwachstum der jungen Triebe zu üppig ausfällt. Mit dem Düngen beginnen, wenn die Nadeln des Erstaustriebs satt grün sind. Mitte August endet die Düngeperiode.

UMTOPFEN
Alle zwei bis fünf Jahre ist mit einem Wurzelschnitt im zeitigen Frühjahr umzutopfen. Eine Erdmischung aus Akadama und Humus 2:1 verwenden. Auf eine gute Drainageschicht achten.

SCHNEIDEN
Kurz vor dem Austrieb werden überlange Triebe auf ein bis zwei Knospen zurückgeschnitten. Triebspitzenknospen entwickeln Langtriebe, während Knospen im Verzweigungszentrum Kurztriebe bilden. Der Austrieb von Langtrieben wird auf ein bis zwei Knospen zurückgeschnitten, sobald man die Achselknospen bei einigen Nadeln erkennen kann. Durch den Rückschnitt können Kurztriebe angeregt werden, zu Langtrieben auszuwachsen. Auch diese Triebe werden eingekürzt, wenn die Knospen erkennbar sind. Die sogenannte Astseneszenz kann bei einem Bonsai ein Problem darstellen. Hierbei sterben ohne ersichtlichen Grund ganze Astpartien ab.

DRAHTEN
Die Formung der leicht bogig abwärts geneigten Astpolster mit Draht kann im zeitigen Frühjahr erfolgen. Bis zum Herbst sind die Baumteile meist so ausgehärtet, dass der Draht wieder entfernt werden kann.

Die Lärche in Doppelstammform ist gerade mithilfe einer umfangreichen Drahtung neu geformt worden.

GEMEINE FICHTE
Picea abies

Die Fichte ist ein 30 bis 50 Meter hoher Baum mit kegelförmiger Krone und rotbrauner Borke. Die jungen Triebe sind orange- bis rotbraun und dicht von Nadeln besetzt.

Die Blätter sind stechend zugespitzt und stehen dicht schraubig um den Zweig. Die Lebensdauer der Nadeln beträgt fünf bis sieben Jahre.
Auch ein Fichten-Bonsai kann vom Borkenkäfer befallen werden. Ein gut versorgter Baum kann sich meist aber durch sein Harz selbst schützen, indem er die Bohrgänge mit Harz verschließt.

STANDORT
Halbschattig bis vollsonnig. Im Winter ab –5 °C den Wurzelballen gegen Durchfrieren schützen. Die Fichte hat zwar eine hohe Frostunempfindlichkeit, mag aber keine Spätfröste während des Austriebs. Um Sonnenbrände zu vermeiden, sollte sie im Sommer alle paar Tage gedreht werden.

GIESSEN
Weder Ballentrockenheit noch Staunässe werden gut vertragen. Das Erdreich sollte daher gleichmäßig feucht, aber nicht zu nass gehalten werden.

DÜNGEN
Vom Austriebsbeginn bis Ende August wird regelmäßig mit Kugeldünger gedüngt. Bei älteren Fichten-Bonsai können die Düngergaben zur Verkürzung der Nadeln reduziert werden.

UMTOPFEN
Alle zwei bis drei Jahre sollte mit einem Wurzelschnitt im zeitigen Frühjahr umgetopft werden. Eine Erdmischung aus Akadama und Humus 2:1 verwenden und auf eine gute Drainageschicht achten. Danach vor Frost und Wind geschützt aufstellen.

SCHNEIDEN
Im zeitigen Frühjahr können dickere Äste entfernt werden. Zu dicht gewordene, vor allem obere Äste können jetzt auch ausgedünnt werden. Im März/April treiben an jedem Trieb die Knospen aus. Sobald die jungen Triebe 2 bis 3 Zentimeter lang sind, werden sie um ein bis zwei Drittel eingekürzt. Dabei sollten beim Schnitt keine Nadeln verletzt werden. Angeschnittene Nadeln bekommen braune Spitzen. Die jungen Triebe im oberen Baumdrittel werden hierbei stärker zurückgenommen, als die an den unteren Trieben.

DRAHTEN
Gedrahtet werden kann das ganze Jahr über, wobei das zeitige Frühjahr zu bevorzugen ist. Meist muss ein Ast über mehrere Jahre eingedrahtet werden, bis er die neue Form beibehält. Falls ein Draht entfernt werden musste, weil er einzuwachsen begann, kann der Ast dann erneut eingedrahtet werden.

Die natürliche Würde der Fichte wird durch die filigrane Gestaltung der feinen Verzweigung unterstrichen.

BERG-KIEFER
Pinus mugo

Man unterscheidet drei Unterarten: Berg-Föhre oder Haken-Kiefer (z. B. in den tieferen Lagen des Schweizer Jura), Moor-Berg-Kiefer (Vogesen und Schwarzwald) und Leg-Föhre (Hochalpen).

Die Berg-Kiefer wächst sowohl ein- als auch mehrstämmig und bleibst meist sehr niedrig. Die Krone ist breit kegelförmig und locker. Die graue, längsrissige Borke löst sich in kleinen Schuppen ab. Die steifen, sichelförmig gebogenen, zugespitzten Nadeln entspringen zu zweit einer Nadelscheide. Jede Nadel ist 2 bis 8 Zentimeter lang und dunkelgrün. Die Lebensdauer der einzelnen Nadeln liegt zwischen fünf und zehn Jahren – daher die dichten Nadelpolster.

STANDORT

Vollsonnig, da ein schattigerer Standort zu lange Nadeln erzeugt und die Pflanze schließlich kümmern lässt. Im Winter ab –5 °C den Wurzelballen gegen Durchfrieren schützen.

GIESSEN

Die Erde sollte gleichmäßig feucht, aber nicht zu nass gehalten werden. Staunässe lässt die Wurzelpilze absterben, was den Baum schädigt. Die Symbiose mit dem Wurzelpilz ist für die Kiefer lebensnotwendig.

DÜNGEN

Die Bäume sollten mit organischem Kugeldünger versorgt werden. Gedüngt wird von Mitte Mai bis Mitte August.

UMTOPFEN

Alle zwei bis fünf Jahre mit einem Wurzelschnitt im zeitigen Frühjahr umtopfen. Dem Pflanzgranulat sollte eine Handvoll Wurzelpilz von der alten Erde beigemischt werden. Eine Erdmischung aus Akadama und Humus 2:1 verwenden und auf eine gute Drainageschicht achten.

SCHNEIDEN

Für ein dichtes Laubpolster mit kurzen Nadeln werden die kerzenartigen Triebe entweder stark eingekürzt oder sogar ganz entfernt. Nach etwa vier Wochen bilden sich an der Schnittfläche neue Knospen, die noch im gleichen Jahr mit kürzeren Nadeln austreiben. Dickere Äste können im zeitigen Frühjahr zurückgeschnitten werden. Dabei kann man ein Aststück stehen lassen und entrinden. So wird ein Astbruch simuliert, welcher den Baum „sturmerpobter“ erscheinen lässt.

DRAHTEN

Die Berg-Kiefer kann das ganze Jahr über mit Draht geformt werden. Stark borkige Baumteile sollten vor dem Drahten eingesprüht werden, damit die Borke nicht zu schnell einreißt. Die Triebspitzen sollten so gedrahtet werden, dass sie leicht nach oben zeigen.

Aus einer im Gebirge gefundenen Berg-Kiefer lassen sich häufig sehr aussagekräftige Bonsai gestalten. Die entrindeten Bereiche wirken bei diesem Bonsai ganz natürlich.

WALD-KIEFER
Pinus sylvestris

Die Wald-Kiefer hat zunächst eine locker kegelförmige Krone, die später abgeflacht und schirmförmig wird. Auf den Ästen bilden sich durch viele kurze Triebe dichte Nadelpolster aus.

Die Wald-Kiefer gehört zu den zweinadeligen Kiefern. Die Nadeln sind meist deutlich in sich gedreht. Für die Bonsai-Gestaltung besonders interessant sind einige, nur regional vorkommende Varietäten. Dazu gehören die schottische Wald-Kiefer, mit höchstens 3,5 cm langen Nadeln und die Engadiner Wald-Kiefer, die nur 2,5 bis 3 cm lange Nadeln hat.

STANDORT
Vollsonnig, da ein schattigerer Standort zu lange Nadeln erzeugt und die Pflanze schließlich kümmern lässt. Um Frosttrocknis zu vermeiden, sollte der Wurzelballen vor dem Durchfrieren geschützt werden.

GIESSEN
Die Erde sollte gleichmäßig feucht gehalten werden. Staunässe lässt die Wurzelpilze absterben, was den Baum schädigt und häufig sogar absterben lässt. Während des Austriebs im Frühjahr sollte man sparsamer gießen, damit die Nadeln nicht zu lang werden.

DÜNGEN
Gedüngt wird von Mitte Mai bis Mitte August mit organischem Kugeldünger.

UMTOPFEN
Alle zwei bis fünf Jahre wird die Wald-Kiefer mit einem Wurzelschnitt im zeitigen Frühjahr umgetopft. Dem Pflanzgranulat wird möglichst eine Handvoll Wurzelpilz von der alten Erde beigemischt. Der Symbiosepilz ist für die Gesundheit des Baumes extrem wichtig. Eine Erdmischung aus Akadama und Humus 2:1 ist die beste Wahl. Auf eine gute Drainageschicht ist zu achten.

SCHNEIDEN
Der Austrieb im Frühjahr sieht ähnlich aus wie bei der Berg-Kiefer. Bei der Wald-Kiefer werden aber zunächst nur die Kerzen entfernt, die bis Anfang Juni etwa 3 bis 4 Zentimeter lang geworden sind. An den Schnittflächen entwickeln sich neue Knospen, die ihrerseits mit kürzeren Nadeln austreiben. Sobald die Neutriebe zu verholzen beginnen, werden sie gemeinsam mit den vorher nicht entfernten Trieben um ein Drittel eingekürzt. Die sich hier bildenden Knospen treiben im nächsten Frühjahr aus.

DRAHTEN
Die Drahtung der Wald-Kiefer erfolgt wie bei der Berg-Kiefer, wobei auch hier bis in die feinste Verzweigung hinein gedrahtet wird. Gedrahtet wird im Frühjahr, sobald der beginnende Saftstrom die Triebe wieder elastischer werden lässt.

Nicht immer lassen sich die Möglichkeiten, die in einem in der Natur gefundenen Baum stecken, so gut nutzen, wie bei dieser alten Wald-Kiefer.

GEMEINE EIBE
Taxus baccata

Die Eibe wächst häufig mehrstämmig, wobei durch Verwachsung der Stämme ein interessant geformter Komplexstamm entsteht. Im Alter entsteht eine gerundete, eiförmige oder sogar kugelige Krone.

Die Nadelblätter sind schraubig drehend und gescheitelt um den Zweig angeordnet, stechend, abgeflacht und biegsam-ledrig. Alle Teile des Baumes, bis auf den roten Samenmantel, sind hochgiftig. Daher sollte man bei Totholzarbeiten das Einatmen des Holzmehls vermeiden.

STANDORT
Vollsonnig, an heißen Hochsommertagen ist ein schattigerer Standort hilfreich, da der Wasserbedarf sonst sehr hoch ist. Im Winter sollten der Wurzelballen vor dem Durchfrieren und die oberirdischen Baumteile vor kaltem Wind geschützt werden.

GIESSEN
Der tägliche Wasserbedarf ist recht hoch. An heißen Sommertagen muss daher manchmal mehrfach gegossen werden. Regelmäßig muss eine gleichmäßige Ballenfeuchtigkeit sichergestellt sein. Vor allem Ballentrockenheit, aber auch Staunässe bedeuten schnell den Verlust des ganzen Baumes.

DÜNGEN
Vom Austriebsbeginn bis Mitte August ist der Bonsai regelmäßig mit organischem Dünger zu versorgen. Im Winter nicht düngen!

UMTOPFEN
Alle ein bis zwei Jahre im späteren Frühjahr oder kurz vor dem Austrieb wird mit einem Wurzelschnitt umgetopft, dabei ist eine Erdmischung aus Akadama und Humus 3:1 zu verwenden.

SCHNEIDEN
Eiben wachsen relativ langsam, vertragen aber auch einen stärkeren Rückschnitt sehr gut, da sie auch aus altem Holz willig neu austreiben. Entfernt man dickere Äste, ist mit dem Austrieb junger Triebe in diesem Bereich zu rechnen, die dann schnellstmöglich entfernt werden. Die Wunden nach dem Entfernen älterer Äste wachsen selbst bei guter Wundversorgung nur langsam zu. Junge Triebe, die senkrecht nach oben wachsen, werden an einem gestalteten Bonsai sofort entfernt. Waagerecht wachsende Triebe schneidet man bei 6 bis 8 Zentimeter Länge um zwei Drittel zurück.

DRAHTEN
Alle Baumteile sind ganzjährig drahtbar. Wegen des harten Holzes haben sich schon nach ein bis zwei Vegetationsperioden die korrigierten Äste und Zweige in der neuen Stellung stabilisiert. Die weitere Gestaltung kann danach allein durch den Rückschnitt erfolgen.

Die Eibe ist eine der Baumarten, die ein sehr hohes Alter erreichen können. Dennoch bleibt ihr Stamm häufig verhältnismäßig schlank. Eiben eignen sich daher besonders gut für aufrechte Formen.

SERVICE

NÜTZLICHE ADRESSEN

BONSAI-CLUB DEUTSCHLAND E. V.

Geschäftsstelle
c/o Axel Paduch
Duisburger Straße 83 B
47166 Duisburg
E.Mail: geschaeftsstelle@bonsai-club-deutschland.de
www.bonsai-club-deutschland.com
→ Newsletter, Bonsai-Magazin, Händler

BONSAISCHULE ENGER

Michaela und Tobias Pieper
Feldstr. 21
32130 Enger
Tel.: 0 52 24 / 58 79
E-Mail: info@bonsaischule.de
www.bonsaischule.de
→ Rohbonsai, Schalen, Werkzeug, Zubehör, Newsletter, Seminare, Urlaubs- und Krankheitspflege, Überwinterung

BONSAISCHALEN PETER KREBS

Oststr. 9
35745 Herborn
Tel.: 0 27 72 / 4 24 13
E-Mail: bonsai.schale@peter-krebs.de
www.bonsaischalen-toepfer-peterkrebs.de
→ Handgefertigte Schalen

REGISTER

BILDNACHWEIS

Mit 94 Farbfotos von Helmut Ruger, Karben.

Mit 16 Illustrationen von
Ruth Fritzsche, Offenburg: 10, 11 (beide), 20; Wolfgang Lang, Grafenau-Döffingen: 14 (beide), 16 (beide), 17 (beide), 18 (beide), 35 (alle 4).

IMPRESSUM

Umschlaggestaltung von Gramisci Editorial Design/Isabelle Fischer unter Verwendung von zwei Farbfotos von shutterstock/wonderisland (Umschlagvorderseite) und Helmut Rüger, Karben (Umschlagrückseite: *Pinus mugo*).

Alle Angaben in diesem Buch sind sorgfältig geprüft und geben den neuesten Wissensstand bei der Veröffentlichung wieder. Da sich das Wissen aber laufend in rascher Folge weiterentwickelt und vergrößert, muss jeder Anwender prüfen, ob die Angaben nicht durch neuere Erkenntnisse überholt sind. Dazu muss er zum Beispiel Beipackzettel zu Dünge-, Pflanzenschutz- bzw. Pflanzenpflegemitteln lesen und genau befolgen sowie Gebrauchsanweisungen und Gesetze beachten.
Die Blütenfarben sind sortenabhängig, daher können auch Farben auf dem Markt sein, die im Buch nicht genannt werden. Die Blütezeiten sind ebenfalls sortenabhängig, aber auch klima- und standortabhängig. Die angegebenen Wuchshöhen und -breiten der Pflanzen sind Mittelwerte. Sie können je nach Nährstoffgehalt des Bodens variieren. Verschiedene Sorten können deutlich größer oder auch kleiner wachsen als die Art.

Mit 94 Farbfotos und 16 Farbzeichnungen.

Unser gesamtes Programm finden Sie unter **kosmos.de**.
Über Neuigkeiten informieren Sie regelmäßig unsere Newsletter, einfach anmelden unter **kosmos.de/newsletter**

Gedruckt auf chlorfrei gebleichtem Papier

ISBN 978-3-440-17008-3
Projektleitung: Carolin Küßner
Redaktion: Carolin Küßner
Gestaltungskonzept: Peter Schmidt Group GmbH, Hamburg
Gestaltung und Satz: DOPPELPUNKT, Stuttgart
Produktion: Klaus Jost
Druck und Bindung: Westermann Druck Zwickau GmbH, Zwickau
Printed in Germany / Imprimé en Allemagne

FSC www.fsc.org MIX Papier | Fördert gute Waldnutzung FSC® C110508